Rosemarie Holzer

ACIDOSE-NATURKÜCHE

Lymphe in Fluss bringen – der genussvolle Weg zu Vitalität und Lebensfreude

POTAMOS® VERLAG

Bugginger Straße 19, 79379 Britzingen
Telefon 0049 (0)7631 93 70 50; Fax 0049 (0)7631 937092

Layout, Satz und Umschlaggestaltung: J. Schulte
Lektorat: textpressis verbis Marianne Schütz, 76829 Landau
Druck: Braun Druck+Medien GmbH, 78532 Tuttlingen

ISBN: 978-3-9811851-1-9

Erläuterungen zu den mit * markierten Ausdrücken finden Sie im Glossar ab Seite 250.

Inhalt

Geleitwort

Nach 30 Jahren praktischer Erfahrung in einer großen allgemeinärztlichen Praxis und 10 Jahren Leitung einer Kurklinik – beide streng naturheilkundlich – wurde ich von einer hoffnungsvoll stimmenden Erkenntnis überrascht: Es sind gar nicht in erster Linie nur die Fachleute in den Kliniken, in der Naturheilkunde und Diätetik, die bestimmte Erkrankungen und Probleme der Patienten lösen können. Vielmehr kann eine neue Ernährungslehre aus der Natur, von Patienten erprobt, einen wesentlichen, tief greifenden Quantensprung im Heilen ermöglichen.

Ich hatte schon einige Jahre Erfahrung in der LYMPHOLOGISCHEN GANZHEITSTHERAPIE gesammelt und glaubte, den Stein der Weisen gefunden zu haben. Aber es hatte sich auch die Frage eingeschlichen: Wie soll das enden, wenn man immer nur die Lymphe therapiert und die Patienten aus dem Sumpf holt, diese aber ständig zurückfallen und der Behandlungserfolg deshalb nicht von Dauer bleibt?

Erste Erkenntnisse und Erklärungen waren bereits vorhanden, etwa dass das Milcheiweiß und die Übersäuerung eine extrem wichtige Grundproblematik darstellen. Die eindrucksvollen Heilerfolge und Besserungen verhinderten noch einige Zeit die alles entscheidende Einsicht, dass eine bestimmte Form der Ernährung der Hauptpfeiler ist für das Gesundbleiben oder eine ursachenbezogene Vorsorge, aber auch für das Gesundwerden bei und nach der Behandlung im Hinblick auf eine nachhaltige Genesung.

Dass diese so außergewöhnlich wirkungsvolle Form der Ernährung auch noch Gourmetkost sein kann, dass sie ganz einfach erlernt werden kann, wenn die Bereitschaft zum Umdenken vorhanden ist – all das ist allein Rosemarie Holzer zu verdanken. Sie hat gezeigt, dass Gesundheit und Genuss einen Gleichklang bilden können. Jeder von uns vermag diese neue Naturküche im täglichen Leben durch einfache organisatorische

Veränderungen zu praktizieren. Alles, was wir dazu brauchen, kommt aus der uns umgebenden Natur, liegt also vor unserer Haustür. Rosemarie Holzer hat uns diese große Gabe zum Geschenk gemacht, indem sie die oft etwas schwierigen Umdenkprozesse in genial einfacher Art und Weise darstellt, quasi die Gebrauchsanweisung dazu in verständliche, anschauliche Worte mit ansprechenden Bildern packt.

Die ACIDOSE-NATURKÜCHE schließt die Lücke zwischen den ungezählten Kochbüchern für alle möglichen Anlässe und Krankheiten und den theoretischen Abhandlungen über den Säure-Basen-Haushalt, indem sie die neuesten wissenschaftlichen Erkenntnisse und praktischen Erfahrungen mit der Lymphe bzw. der extrazellulären Matrix für die tägliche Ernährung leicht umsetzbar macht. Die Hürde, die bisher kaum zu überwinden war, ist dadurch virtuos genommen. Es macht Freude zu sehen, wie Rosemarie Holzer trotz Meiden von Tiermilch, Tiermilchprodukten, Gluten, Fleisch und Wurst, chemischen Geschmacksverstärkern, zu sauren Nahrungsmitteln, Industriekonzentraten usw. eine extrem schmackhafte Gourmetkost, auch noch aus der Natur, zu zaubern versteht. Ich bin begeistert, sie hat meine volle Bewunderung und meinen Dank.
Möge dieses wertvolle Werk den vielen Suchenden zu einem Wegweiser und Meilenstein werden.

Dr. med. A. H. Barth

Lebensbaum

**„Nur was man selbst zubereitet,
wird zum Erlebnis und damit zur Erkenntnis."**

„Mit Freude und allen Sinnen creativ kochen."

„Dem Körper das geben, was ihm nützt und ihn stärkt."

Rosemarie Holzer

Meine persönliche Entwicklung

Schon als Kind galt mein Interesse den Pflanzen und Heilkräutern in unserem elterlichen Garten. Gezwungenermaßen aufgrund anhaltender Darmprobleme wie Verstopfung und kolikartige Bauchschmerzen habe ich sehr früh intuitiv nach Möglichkeiten einer für mich richtigen Ernährung gesucht.

Sehr gut kann ich mich noch erinnern, dass ich mit 12 Jahren meinen ersten Grützebrei zubereitet habe, um eine Entlastung für meinen geplagten Darm zu finden. Nach wenigen Tagen spürte ich, wie bekömmlich dieser gekochte Brei für mich war. Nicht nur mein Darm, sondern auch meine Seele und mein gesamtes Befinden schienen mir wie eine aufgehende Sonne. Endlich war ich so, wie sich andere Kinder anscheinend fühlten. Doch dieser Zustand währte nur so lange, wie ich die Kost durchhielt. Ich war ein neugieriges und experimentierfreudiges Kind, und so verliefen die Jahre mit immer neuen Diäten. Heute, nach 40 Jahren, sage ich immer noch, es gibt kaum eine Diät, die ich nicht kennen gelernt habe. Die Pausen zwischen den Diäten waren jedoch immer geprägt von Gewichtszunahmen, Allergien der Haut und Schleimhäute, chronischen Erkrankungen der Blase, Nieren, Lungen bis hin zu rheumatischen Beschwerden der Weichteile und Gelenke. Heutzutage werden diese Beschwerden als Fibromyalgie* bezeichnet. Migräneattacken und wechselhafte Stimmungen entwickelten sich zusehends. Die Schleimhäute der Augen waren trocken, ständig gerötet, und als ich 20 Jahre alt war, konnte ich ohne Sonnenbrille ab Februar nicht mehr ins Freie gehen, ohne mir eine Bindehautentzündung oder mindestens juckende Augen zuzuziehen.

Einer der Ärzte, die mich damals behandelten, meinte: „Dann mauern Sie sich doch einfach ein!“ Diese Erfahrung wurde zu einem Schlüsselerlebnis, ließ mich das Ärztewesen in Frage stellen. Ich begann, meine Vielfalt an Medikamenten wie Antibiotika oder Cortison kritisch zu beleuchten. Die Jahre vergingen, und nur mit Diäten aller Art konnte ich in großen Abständen immer wieder Wohlbefinden erlangen.

Mit etwa 25 Jahren kam ich dann zum Fasten mit Wasser, später mit Säften und Suppen. Ich fühlte mich in diesen Zeiten himmlisch gut; ich hatte keine Allergien, keine rheumatischen Schmerzen und keine Missstimmungen. Nach der Fastenzeit jedoch fiel ich immer bereits nach wenigen Tagen in den alten, misslichen Zustand zurück. In dieser Zeitspanne meines Lebens probierte ich viele neue Kostformen und Ernährungsrichtungen aus. Es gibt so gut wie keine Diätrichtung oder Ernährungsform, die ich zwischen meinem 15. und 35. Lebensjahr nicht ausprobiert hätte: Vollwertkost nach Dr. Bruker, anthroposophische Kost, Sonnenkost nach Diamond, Makrobiotik, Früchtekost, Keimlinge, Wildkräuter, ayurvedische Kost – und erst hier spürte ich: Gekochtes tut mir gut. Schließlich entdeckte ich die Säure-Basen-Diät nach Dr. Renate Collier. Sie lehrte mich die einfache Lebensweise und den entscheidenden Grundsatz: „Was dem einen gut tut, muss nicht unbedingt dem anderen nützen und bekommen."

Hier spürte ich zum ersten Mal, dass ich Tiermilch und Gluten nicht gut vertrage.

Die Lehre des Säure-Basen-Haushaltes, verbunden mit der Erfahrung von Ayurveda und Makrobiotik, hat mich zu der Einfachheit meiner Großeltern, meiner Vorfahren geführt. Die Erkenntnis, dass wir alle im Universum, auf unserer Mutter Erde und auf dem Flecken Land, auf dem wir geboren sind und leben, individuelle Menschenkinder sind, bewirkte in mir eine große Befreiung.

Die Gesundheit, das Wohlbefinden selbst in die Hände zu nehmen, wahrzunehmen, zu erspüren, was mir gut tut, bedeutete einen enormen Entwicklungsschub in meinem Leben. Heute kann ich mit Überzeugung sagen: Ich habe in den letzten 30 Jahren gelernt, mein Selbst wirklich zu leben, und fühle mich heute gesünder und vitaler als im Alter von 25 Jahren. Rückblickend weiß ich, dass sich die Suche und vor allen Dingen die Ausdauer gelohnt haben. Auf den folgenden Seiten möchte ich Ihnen meinen individuellen Erfahrungsschatz weitergeben.

Die ACIDOSE-NATURKÜCHE entsteht . . .

Während meiner Seminare und nach Vorträgen wurde immer wieder ein großes Anliegen von Teilnehmern und Zuhörern an mich herangetragen: Wäre es wohl möglich, das von mir vermittelte und in langen Jahren des Erforschens und Erprobens angesammelte Wissen um eine gesunde, basische, die Gesundheitskräfte erneuernde Ernährung in einem praxisorientierten Buch zusammenzufassen? Diesem Bedürfnis will das vorliegende Werk auf sehr konkrete, „anpackende" Weise Rechnung tragen. Dass aus dem Wunsch schließlich Wirklichkeit wurde, geht auf viele glückliche Umstände zurück.

Apfelblüten

„Wenn ich wüsste, dass morgen die Welt unterginge, würde ich, noch heute, mein Apfelbäumchen pflanzen."
(Martin Luther)

Die ACIDOSE-NATURKÜCHE ist kein Rezeptbuch im herkömmlichen Sinne, sondern soll als Leitfaden dienen, um grundlegende Erkenntnisse konkret und praktisch umzusetzen. Die ACIDOSE-NATURKÜCHE ist ein Lehrbuch, mit dem ich Ihnen vermitteln möchte, dass diese tiermilchfreie, gluten- und säurearme Kost sehr einfach und wohlschmeckend und mit wenigen Hilfsmitteln zuzubereiten ist.

An dieser Stelle möchte ich mich von Herzen bei meiner Tochter Svenja bedanken, die mich schon in jungen Jahren mit Rat und Tat unterstützt und mich ermutigt hat, dieses Wissen anderen weiterzugeben. Sie war ein wichtiger Wegweiser für meine persönliche Suche, und ohne sie wäre dieses Buch wohl nicht entstanden.

Dank an alle Seminarteilnehmer und Interessierte in den letzten Jahrzehnten, die mich immer wieder auf's Neue inspiriert haben, die viel gegeben und nicht nur von mir genommen haben.

Weitere bedeutsame Stationen dieses Erkenntnisweges seien an dieser Stelle nochmals erwähnt:
Eine der wichtigsten Persönlichkeiten in meiner Entwicklung war ganz gewiss meine Lehrerin Dr. med. Renate Collier. Ohne sie hätte ich nicht auf den Weg der Gesundheit zurückfinden können.

Überzeugt von der Einfachheit dieser ACIDOSE-NATURKÜCHE und als lebendes Beispiel für diese Arbeit selbst, hat mein Lebensgefährte, Dr. med. A.H. Barth, mir wertvolle fachliche Anregungen und persönliche Bestärkung vermittelt. Er geht schon seit Jahrzehnten als Mediziner diesen Weg. Ebenso wie viele Freunde, die seit Jahren uns mit Freude und Herz konstruktiv fördern, begleiten und zum Gelingen beitragen.

Was bedeutet „latente Acidose“?

Unter dem Begriff Acidose verstehen wir im allgemeinen Sprachgebrauch die Gewebsübersäuerung (lateinisch acidus = sauer). Richtiger im medizinischen Sinne wäre also der Begriff „Gewebsacidose“, der fachlich meist als latente Acidose* bezeichnet wird.

Die Medizin im allgemeinen verwendet den Begriff Acidose üblicherweise im Sinne von Blutacidose, was aber beim selben Menschen völlig andere Werte ergibt und eine wesentlich andere Beurteilung erfordert, ja fast gegensätzlich ist. Die Blutacidose ist ein wichtiger Fachbegriff in der Intensivmedizin. Sie bezeichnet hier einen Zustand von hochgradiger Lebensgefahr (z. B. nach Unfällen). Im Gegensatz dazu beschreibt die latente, also versteckte Gewebsacidose einen ständig wechselnden pH-Wert zwischen 7,2 und ca. 5. Bei Gesunden pendelt die Selbstregulation den Gewebe-pH-Wert in Richtung 7,3 oder höher ein. Die latente Acidose ist ein Gradmesser für Gesundheit oder Krankheit von Geweben, Organen und des gesamten Körpers.

Gewebsacidose kann durch Anfassen des Gewebes festgestellt werden. Es darf nicht weh tun, wenn Sie Ihr Gewebe selbst greifen (vgl. „Diagnosegriff“ aus der Acidose-LymphMassage nach Rosemarie Holzer).

Wie kann ich die latente Acidose feststellen?

Latente Acidose (= versteckte Übersäuerung) äußert sich in Form von ständiger Müdigkeit, Gelenkschmerzen, chronischen Erkrankungen und vielem mehr.
Die latente Acidose, also Übersäuerung des Körpers, zeigt sich darüber hinaus beim so genannten Quelltyp in ungewollter Gewichtszunahme oder aber beim so genannten Verhärtungstyp in Gestalt von ungewollter Gewichtsabnahme. Beide Gewichtsveränderungen haben meist die gleiche Ursache: die acidotische Lymphblockade* mit Schwerpunkt im Verdauungssystem / Stoffwechsel (vgl. Seite 235).

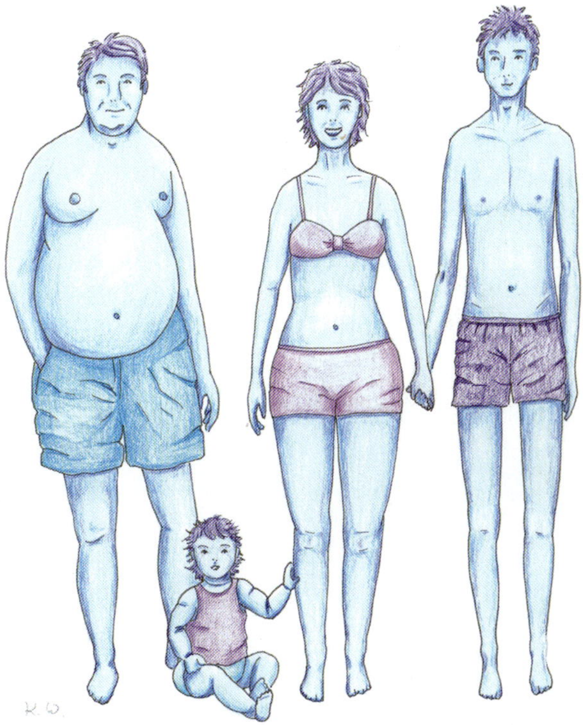

Aus der „Visuellen Diagnostik nach Potamos“

Was kann ich selbst tun, um die acidotische Lymphblockade abzubauen?

Es gibt viele gute Hilfsmittel, welche die acidotische Lymphblockade beeinflussen und die Lymphe wieder in Fluss bringen.
Dazu zählen vorzugsweise eine individuelle, tier-milcheiweißfreie und basenüberschüssige Ernährung, aktive und passive Bewegung, das persönliche Umfeld und Wärme. Dies sind die wichtigsten Grundlagen; sie bilden den Königsweg, um sich wohlzufühlen und einer gesunden Zukunft entgegenzustreben.
Die individuelle, tier-milcheiweißfreie und basenüberschüssige Ernährung der ACIDOSE-NATURKÜCHE lernen Sie in diesem Buch kennen.
Aktive Bewegung wirkt lymphverflüssigend. So haben Sie bestimmt schon angenehm erfahren, dass sich nach Nordic Walking, Schwimmen, Radfahren, Wandern o. ä. eine wohlige Wärme und Entspannung im Körper ausbreitet. Eine besonders wirkungsvolle Form der aktiven Bewegung habe ich durch meine Seminararbeit entwickelt: die ACIDOSE-LYMPHGYMNASTIK. Sie verbindet unterschiedliche Bewegungselemente miteinander. In jedem Alter und auch bei körperlichen Bewegungseinschränkungen ist sie eine sanfte, aber effektive Form, die acidotische Lymphblockade aufzulösen. Die ACIDOSE-LYMPHGYMNASTIK kann zu Hause oder während eines Spaziergangs in der freien Natur durchgeführt werden. Sie führt zu Entspannung und Harmonisierung. Es fällt mit ihr leicht, das innere Gleichgewicht wiederzufinden und die eigene Mitte vom Stress in Beruf oder Familie zu befreien.

ACIDOSE-LYMPHGYMNASTIK
nach Rosemarie Holzer

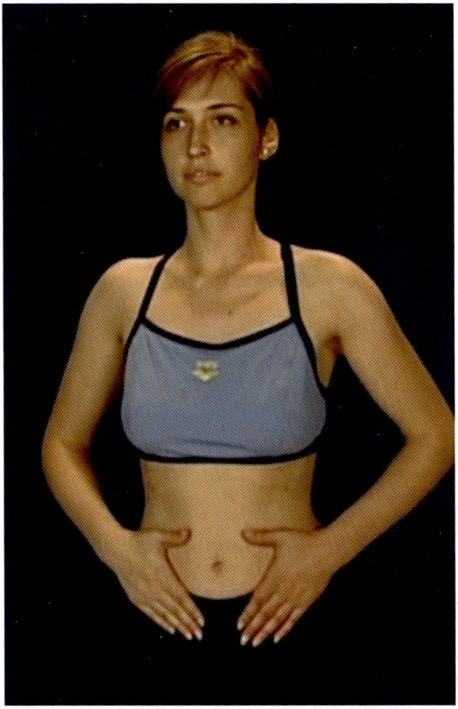

ACIDOSE-SELBSTMASSAGE
nach Rosemarie Holzer

Wenn die Lymphe sehr stark verfestigt und blockiert ist, hilft die passive Bewegung des Gewebes. Hier haben sich die ACIDOSE-SELBSTMASSAGE und die ACIDOSE-LYMPHMASSAGE* sehr bewährt. Die ACIDOSE-LYMPHMASSAGE wurde von mir verfeinert und erweitert auf der Grundlage der Azidosemassage meiner Lehrerin Dr. Renate Collier. Die ACIDOSE-SELBSTMASSAGE und die ACIDOSE-LYMPHGYMNASTIK haben sich aus praktischen Abläufen in meinen Seminaren und teilweise zusammen mit Seminarteilnehmern entwickelt. Sie enthalten sehr viele kreative Selbsterfahrungen.

Warum ist die Acidose-NaturKüche eine tiermilchfreie Küche?

Über viele Jahre, bis fast Mitte der 90er Jahre, habe ich, orientiert an der Dr. Renate Collier-Therapie, eine basenüberschüssige Kost praktiziert. Man meinte damals noch, dass auch Butter und Sahne in Maßen mitverwendet werden dürften, da Butter und Sahne relativ viel Fett und wenig Tiereiweiß (hier Milcheiweiß) enthalten. Mit der Erfahrung und beim Erlernen der makrobiotischen Küche wurde mir klar, dass Menschen mit chronischen Erkrankungen – wie ich selbst – nur ausgeheilt werden können, wenn sie keinerlei Tiermilcheiweiße verzehren, also auch keine Produkte aus Ziegen-, Schafs- oder Stutenmilch. Ich habe sowohl bei mir als auch bei vielen Seminarteilnehmern festgestellt, dass durch das Weglassen von Butter und Sahne viele Allergien und andere Unverträglichkeiten rapide abnahmen und ausheilen konnten. Menschen, die lange an chronischen Erkrankungen gelitten hatten, fanden einen Weg zu Wohlbefinden und Gesundheit. Beeindruckt haben mich die Erfolge der makrobiotischen Küche bei Krebspatienten, die bei sehr vielen Menschen zur Stärkung, Verbesserung der Vitalität bis hin zur Heilung führte. Aus persönlicher Erfahrung kann ich heute sagen, dass das konsequente Weglassen von Tiermilcheiweiß und Industriezucker Allergien zum Stillstand bringen kann.

Warum ist die ACIDOSE-NATURKÜCHE zum größten Teil auch eine glutenfreie Küche?

Auch hier hat die Erfahrung gezeigt, dass eine basenüberschüssige, tiermilchfreie Kost, die zu 80 % aus Gemüse und Früchten sowie Getreide besteht, besser vertragen wird, wenn wir leichte Getreide (glutenfrei*) verwenden. Heutzutage wird viel zu viel Brot gegessen, was man an unseren Kindern sehen kann, die meistens morgens in der Schulpause belegte Brote verzehren, gerne Pizza essen und zwischendurch immer wieder Brötchen oder süße Stückchen zu sich nehmen. Wir haben heute Darmerkrankungen als Reaktion auf zu viel und zu schweres Getreide (glutenhaltig*). Die Glutenunverträglichkeit, die ich bei meinen Seminarteilnehmern durch visuelle Diagnostik* und vom persönlichen Erzählen wahrnehme, entspricht noch nicht einer Zöliakie/Sprue*, ist aber als eine Vorstufe in der Entwicklung einer Zöliakie zu interpretieren. Die Unverträglichkeit glutenhaltiger Getreide ist medizinisch noch nicht nachweisbar (vgl. Glutenproblematik, Seite 237).

Die Erfolge bei Allergien und Unverträglichkeiten sprechen für eine tier-milcheiweißfreie und glutenarme Küche wie die ACIDOSE-NATURKÜCHE. Seminarteilnehmer, die vorher auf viele Lebensmittel unverträglich reagierten, konnten innerhalb weniger Tage nach Umstellung auf die ACIDOSE-NATURKÜCHE wieder mit Freude und ohne Angst vor Reaktionen das Essen genießen. Diese wunderbare Erkenntnis hat die Grundlage der tier-milcheiweißfreien ACIDOSE-NATURKÜCHE abgerundet. Sie finden in diesem Buch Rezepte für wohlschmeckende glutenfreie Gerichte. Ich möchte Sie einladen: Lassen Sie sich auf diese glutenfreie Küche ein, der Erfolg wird sich zeigen in Leichtigkeit und Wohlsein!

Die individuelle Kost finden

In all den Jahren beruflicher Beschäftigung mit der Ernährung, zahlreichen Praxisseminaren, Gruppen und Einzelberatungen habe ich einen Gesichtspunkt in den Vordergrund gestellt: In meiner Vortragsreihe „Nie mehr Diät, sondern Individualität" ging es ganz bewusst darum, wie wir unser eigenes Wohlfühlgewicht und unsere Vitalität finden.
Das heißt: für mich kann die Diät zwar vorübergehend eine Art Schonkost sein; wir sollten aber – jeder von uns – eine ausgewogene Speise auf dem Teller haben, mindestens einmal am Tag. Das bedeutet aber auch, dass ich Fragen berücksichtige wie: Was für ein Stoffwechseltyp bin ich? Welches ist meine Blutgruppe? Wie alt bin ich? Welche Veranlagung bringe ich aus meiner Familie mit, speziell auch im Hinblick auf Erkrankungen? Und wenn ich mich mit diesen Hauptthemen beschäftige, erkenne ich die Individualität, die Einzigartigkeit des Menschen. Ich benötige z. B. kein Fleisch, weil ich Blutgruppe A habe; ein anderer, der die Blutgruppe 0 besitzt, benötigt Fleisch, hat meist auch Appetit auf Fleisch, und dem sollten wir dann ruhig nachgeben, wenn keine ethischen Überzeugungen dagegen stehen.
Lektüre über Blutgruppen und Stoffwechseltypen finden Sie ausreichend in Fachbüchern.

Kinder benötigen bis zum Beginn der Pubertät keine tierischen Produkte. Voraussetzung ist allerdings eine ausgewogene, vollwertige vegetarische Kost mit ausreichend pflanzlichen Eiweißen.
Den gleichen Ernährungstipp kann ich auch älteren Menschen geben, die wieder in diese „frugale" Richtung gehen sollten, um sich fit und beweglich zu halten.

Die individuelle Kost finden, sich wohlfühlen und gesund bleiben heißt aber auch, sich an die Jahreszeiten zu halten und ihre Besonderheiten zu beachten: im Winter die wärmenden Wurzelgemüse, im Frühjahr die Vielzahl der Kräuter und Salate, im Sommer die Beeren und im Herbst wieder Wurzelgemüse, nicht zu vergessen unsere heimischen Obstsorten und Herbstfrüchte. Denken Sie dabei auch an schon fast vergessene

Früchte wie Quitten, Mispeln, Felsenbirne, Apfelbeeren und auch an die heimischen Nüsse, wie Haselnuss und Walnuss. Wir können das in unserer Region Herkömmliche wiederentdecken und daraus schöpfen, wie es unsere Großmutter noch tat. Wir schlagen so gleich mehrere Fliegen mit einer Klappe und unterstützen die Bauern in der Region. Außerdem lernen wir wieder die vielen Nahrungsmittel kennen, die hier bei uns traditionell wachsen und angebaut werden. Stöbern Sie mal wieder auf einem Bauernmarkt, Sie werden überrascht sein, welche kulinarischen Schätze Sie dort finden können.

Zusammenfassend möchte ich noch mal sagen: Es ist wichtig, diese individuelle Kost intuitiv wahrzunehmen, schmecken und erspüren zu lernen: Was brauche ich, was kann mein Verdauungstrakt verarbeiten? Rohkost ist nicht für jeden gut verdaulich. Ein schwacher Verdauungstrakt hat oft nicht mehr die Kraft, Rohkost zu verarbeiten. Blähungen, Koliken, Wechsel von Verstopfung und Durchfall sowie Gärung sind Zeichen von Verdauungsschwäche. Hier muss eine Schonkost eingesetzt werden, bis die Darmschleimhaut wieder aufgebaut und die Verdauungsorgane gestärkt sind.

Zur Individualität der Kost gehören die Ausgewogenheit und vor allem auch ein maßvoller Genuss bei den Lebensmitteln – in mir spüren, was ich tatsächlich benötige.

Im Lehrangebot von POTAMOS wird die Individualität mit der „Visuellen Diagnostik“* und der „Haltungs- und Typenlehre“* weiter vertieft.

Die Stufen der Acidose-NaturKüche und ihre Wirkung auf den Darm

Stufe 1 - Schonkost und Darmschonung

Die Schonkost der Acidose-NaturKüche ist für Kinder und ältere Menschen, aber auch für Menschen mit einem schwachen Verdauungstrakt geeignet.
Sie ist eine ausschließlich basenüberschüssige Kost, enthält keinerlei tierisches Eiweiß und keinen raffinierten Zucker. In geringen Mengen werden natürliche Süßungsmittel wie Trockenfrüchte, Agavendicksaft, Honig oder Ähnliches verwendet.
Die Schonkost ist auch als Reduktionskost im Alltag geeignet. Diese Kost schont den Darm und ist gut geeignet, ihm für eine gewisse Zeit eine Erholung zu gönnen, um danach in die Stufe 2 – die Darmschulung – überzugehen.

Stufe 2 - Säure-Fasten® und Darmschulung

Das Säure-Fasten ist eine besondere Form der Darmschulung. Es eignet sich besonders für Menschen mit chronischen Verdauungsproblemen und Nahrungsmittelallergien oder -unverträglichkeiten. Gleichzeitig bildet es einen ausgewogenen und schonenden Aufbau nach der Stufe 1 – der Schonkost.
Das Säure-Fasten besteht aus ausschließlich basenüberschüssiger Kost. Es hat den Vorteil, vegetarisch aufgebaut zu sein. Bei Entschlackungskuren entlastet es spürbar den Körper, da ein Überschuss an tierischen Eiweißen aus dem Körper herausgeleitet wird. Das Säure-Fasten ist eine ausgewogene Ernährungsweise, die auch im Alltag ständig angewendet werden kann. Es eignet sich gut dazu, schmackhaft und in Maßen zu essen, da säurearme Lebensmittel verwendet werden.
Für all jene, die vegetarisch oder vegan leben, ist Säure-Fasten eine wunderbare, ausgewogene und wohlschmeckende Kost, die sie auf ihrem zukünftigen Lebensweg stärkend begleiten kann.

Stufe 3: Gourmetkost und Darmaufbau

Die Gourmetkost der ACIDOSE-NATURKÜCHE entspricht dem individuellen Darmaufbau und vereinigt Darmregeneration und -pflege mit Gourmetgenuss. Sie ist die gehobene Kost, entwickelt aus dem SÄURE-FASTEN und ergänzt um Fisch, Fleisch, Biogetränke – es darf auch mal alkoholisch sein. Die Gourmetkost entspricht für mich der Sonntagskost von früher: Einmal in der Woche Fleisch oder Fisch essen, einen guten Wein dazu trinken – auch das kann die ACIDOSE-NATURKÜCHE enthalten, wenn es maßvoll und ausgewogen genossen wird. Kulinarische, gehaltvolle Desserts und Kuchen runden den Genuss ab, aber natürlich nicht täglich. Die Gourmetkost ist für Menschen mit einem ausgewogenen Säure-Basen-Haushalt geeignet.

Darm-Situs*

Aus dem POTAMOS ANATOMIEATLAS

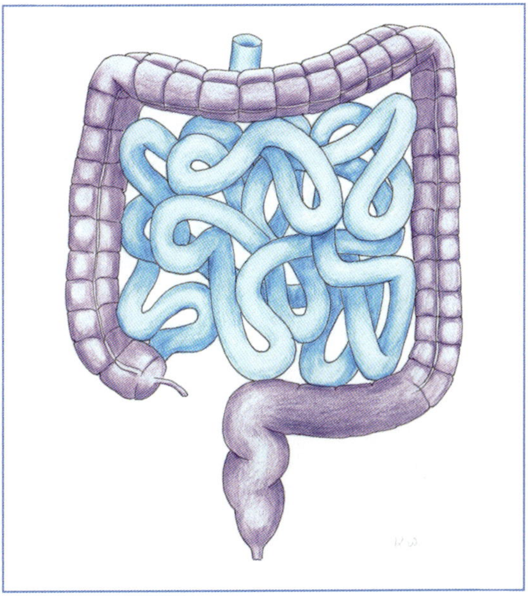

Die POTAMOS Ernährungspyramide

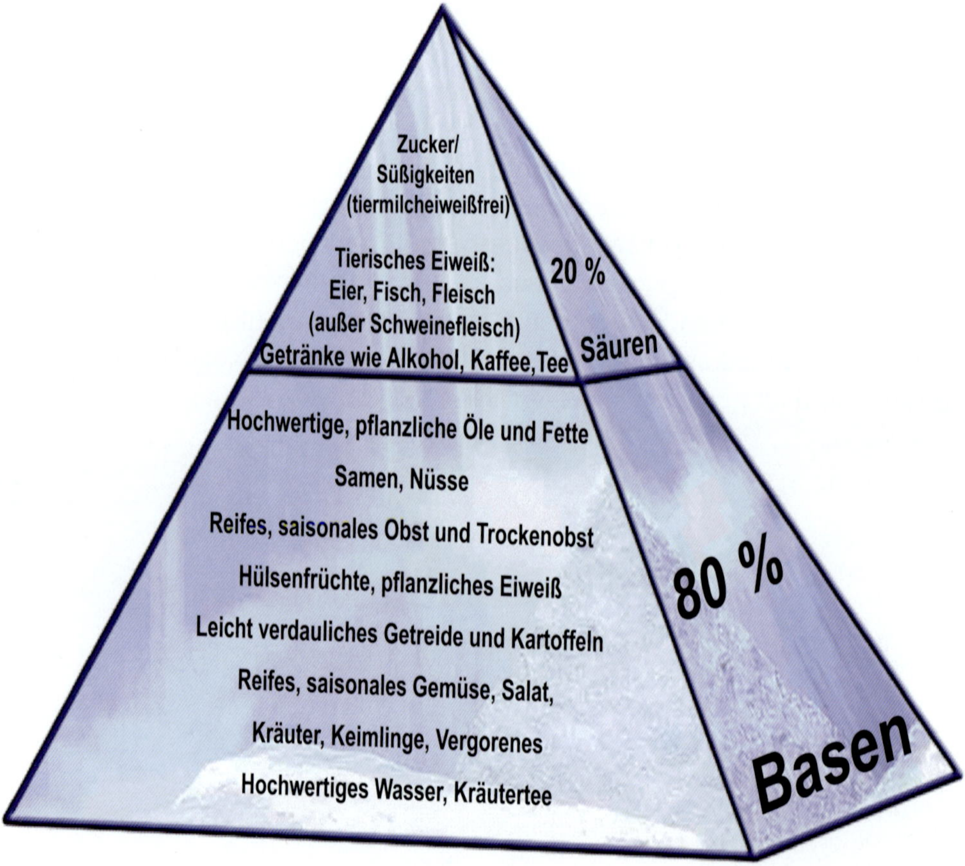

In der Gourmetkost empfehle ich, das Verhältnis von mindestens 80 % Basen und maximal 20 % Säuren bei den Mahlzeiten zu beachten.

Für Kurzeiten wie SÄURE-FASTEN sollten Sie ausschließlich basenüberschüssige Kost verwenden.

Als Schonkost für Kinder und ältere Menschen sowie für Menschen mit einem schwachen Verdauungstrakt ist ebenfalls eine ausschließlich basenüberschüssige Kost zu empfehlen.

Gourmetkost: 80 % zu 20 % mit Fleisch, Fisch und Genussgetränken

Fisch in Reiskruste

Schokotörtchen milcheiweißfrei

SÄURE-FASTEN: Vegetarisch bis vegan ohne Fleisch, Fisch, Zucker und Genussgetränke.

Kichererbsen mit Gemüse

Erdbeersorbet

Schonkost: Vegetarisch bis vegan ohne Fleisch, Fisch, Zucker und Genussgetränke.

Süßkartoffelsuppe

Bananen-Pistazien-Müsli

Vitalität und Lebensfreude

Ein Kernstück der ACIDOSE-NATURKÜCHE als einer grundlegenden, umfassenden und bewusst praktisch orientierten Ernährungsform ist die Individualität, mit der wir zu unserer Mitte finden können. Dabei ist es ganz wichtig zu wissen, dass wirkliches Wohlsein aus unserer Mitte strömt. Nur wenn die Darmfunktion in Ordnung ist, fühlen wir uns rundum wohl, können wir die aufgenommene Nahrung richtig verstoffwechseln. Gleichzeitig ist unsere Mitte der „Nabel zur Welt“. Dieser Begriff macht die Sache sehr anschaulich, sind wir doch durch die Nabelschnur mit der uns nährenden Mutter innig verbunden. Für unsere Vitalität und Lebensfreude ist es deshalb wichtig zu lernen, immer in Resonanz mit unserem Körper zu sein, mit allen Sinnen zu spüren, was wir benötigen. Sich in der Mitte wohl zu fühlen, bedeutet auch Ausgewogenheit und maßvollen Genuss. Dies werden Sie bei der Erprobung der Rezepte wohlwollend feststellen.

Chronisch Kranken und schwer Erkrankten empfehle ich, für ein Jahr Zucker zu meiden und keine tierischen Produkte zu sich zu nehmen. In dieser Situation ist es wichtig, ausgewogene Speisen mit genügend Anteilen an pflanzlichem Eiweiß zu essen. Dies garantiert eine optimale Stoffwechsellage, um Stärke und Vitalität zurückzugewinnen.

Vitalität und Lebensfreude entspringen aus unserer Mitte und sind das Mobilisierende im Kreislauf des Lebens. Wenn wir in unserer Mitte beheimatet sind, tut sich auch sehr viel im Umfeld. Sie werden beispielsweise automatisch mehr Lust haben, sich zu bewegen. Das heißt selbst aktiv werden: körperliche Betätigung wie ACIDOSE-SELBSTMASSAGE, ACIDOSE-LYMPHGYMNASTIK oder Laufen, Kneippen, Tanzen, Reiten und vieles mehr. Passiv in Bewegung gesetzt: in Form von manuellen Behandlungen wie der ACIDOSE-LYMPHMASSAGE und der Lymphologischen Ganzheitstherapie* nach Dr. med. A.H. Barth, um nur zwei von vielen Möglichkeiten zu nennen. Bewegung aktiviert die Entschlackung, und Sie werden sich danach noch lebendiger fühlen.

Vitalität und Lebensfreude entspringen aus unserer Mitte und sind das Mobilisierende im Kreislauf des Lebens.

Die Grundlagen der ACIDOSE-NATURKÜCHE – einfach und klar

Eiweiß

Die Bedeutung von Eiweißen in der ACIDOSE-NATURKÜCHE sei hier kurz erläutert:

Wie bereits mehrfach erwähnt, ist die ACIDOSE-NATURKÜCHE tier-milch-eiweißfrei. Dies bezieht sich aber nur auf die Milch – Fleisch und Fisch sowie Eier sind in Maßen und in qualitativ hochwertiger Form und von Tieren, die nicht mit Mastfutter (meistens molkehaltig!) gefüttert wurden, erlaubt.
Ich möchte hier noch mal eindringlich darauf hinweisen, dass Fleisch im Darm zu Aminosäuren abgebaut wird und nur diese dann in die Lymphe gelangen, während Tiermilcheiweiß als ganzes Eiweiß in die Lymphe transportiert wird (vgl. Seite 234).

Pflanzliches Eiweiß, das reichlich in Nüssen, Samen, Gemüse, Getreide, Hülsenfrüchten enthalten ist, wird ebenfalls im Darm in Aminosäuren zerlegt und erst dann als wichtiger Rohstofflieferant in die Lymphe aufgenommen.
Wir benötigen Aminosäuren für den Aufbau neuer Zellen, im Immunsystem, für Botenstoffe des Körpers, für Hormone und Verschiedenes mehr.

Tiermilcheiweiß

Tiermilcheiweiß ist das Eiweiß, das in der Milch aller Säugetiere – also Kuh, Schaf, Ziege, Stute etc. – enthalten ist. An dieser Stelle sei nochmals darauf hingewiesen, da dies sehr wichtig für das Verständnis der Zusammenhänge ist: Säure in Verbindung mit Tiermilcheiweiß kann Lymphblockaden im menschlichen Körper hervorrufen. Die so genannte gesunde Milch, die in Kriegszeiten über Hungersnöte hinweggeholfen hat, wurde ab den 50-er Jahren als Gesundmacher, Fitmacher, Schönmacher geradezu überschwänglich gepriesen. Verbreitet als Milchpulver, Milchzucker und Molke ist sie in sämtlichen Nahrungsmitteln wie Wurst, Brot, Gewürzen als Füllstoff und Emulgator enthalten. Gleiches gilt auch für viele Medikamente, die Milchbestandteile in Form von Laktose oder Milchpulver enthalten.

Vielen Menschen ist der Unterschied zwischen Milcheiweiß und Milchzucker nicht klar: *Lactose*frei bedeutet nicht *milcheiweiß*frei.

Es gilt unbedingt zu unterscheiden zwischen Milchzucker (= Lactose) und Milcheiweiß (= Milchprotein). In den letzten Jahren hat in der Medizin aufgrund praktischer Erfahrungen die Einsicht stark an Boden gewonnen, dass Tiermilch und Tiermilchprodukte von relativ vielen Menschen schlecht vertragen werden. Als Ursache hat man den Milchzucker ausmachen können. Untersuchungen mit hohen Dosierungen an Milchzucker bestätigten die geringe bzw. völlige Unverträglichkeit dieses Zuckers bei vielen Menschen. Dies führte zur Herstellung von Tiermilchprodukten, die durch Zugabe des Enzyms Lactase milchzuckerfrei sein sollten, also nicht durch Herausnahme, sondern durch Neutralisierung des Milchzuckers. Die Ergebnisse waren für mich nicht sehr überzeugend. Bei einigen Betroffenen verbesserten sich die Symptome, andere profitierten wenig oder gar nicht davon, da auch im Falle der Milchzuckerintoleranz nicht der Milchzucker, sondern das Milcheiweiß das grundlegende Problem ist.

In meinen Kursen stelle ich fest, dass Milchzucker und Milcheiweiß oft verwechselt werden, obgleich es sich um zwei völlig unterschiedliche Substanzen handelt. Milchzucker und Milcheiweiß werden aus Tiermilch gewonnen und können als Pulver Lebensmitteln und Medikamenten zugesetzt werden.

Der Unterschied zwischen Lactose und Milchprotein zeigt sich chemisch: Milchzucker besteht aus zwei Einfachzuckern, einer Verbindung aus Glucose und Galaktose; Milcheiweiß ist ein Riesenmolekül, aufgebaut aus Aminosäuren.

An dieser Stelle möchte ich nochmals darauf hinweisen, dass wertvolle Inhaltsstoffe wie Calcium in höheren Anteilen auch in Gemüse wie Brokkoli, Samen und Hülsenfrüchten enthalten sind. Wir bekommen mehr Calcium aus diesen pflanzlichen Lebensmitteln als aus Molkereiprodukten.

Wertvolle Inhaltsstoffe wie Calcium sind in höheren Anteilen auch in Gemüse wie Brokkoli, Samen und Hülsenfrüchten enthalten.

Menschen mit einer Glutenunverträglichkeit sollten leichte Getreidesorten zu sich nehmen.

Buchweizen

Kohlenhydrate

Die Vielfalt unserer Getreide stellt uns reichlich Kohlenhydrate zur Verfügung. Der sinnvolle Kohlenhydratkonsum richtet sich im Einzelfall aber nach der jeweiligen Verdauungsstärke.
Menschen mit einer Glutenunverträglichkeit sollten leichte Getreidesorten zu sich nehmen, d. h. vor allem glutenfreie Getreidearten*. Kohlenhydrate sind individuell nach Stoffwechseltyp, Blutgruppe und Lebensstil zu berücksichtigen.
Als Ergebnis jahrzehntelanger Arbeit in der Ernährungsschulung der ACIDOSE-NATURKÜCHE und der Erprobung vieler anderer Ernährungslehren habe ich erkannt, dass in der westlichen Küche viel zu viele Getreideprodukte verarbeitet werden.
Das Übermaß an Brot hat die vitamin- und mineralhaltigen Gemüse und Obstsorten im täglichen Leben drastisch verdrängt.

Gemüse und Obst

Gemüse und Obst wirken sich positiv auf den Säure-Basen-Haushalt* aus, rohes Obst und rohes Gemüse sollten jedoch nur von einem gesunden Darm aufgenommen werden – bei Darmschwäche und Darmproblemen bitte Obst und Gemüse dünsten.

Eine reichliche Zufuhr an Vitaminen erhalten wir hauptsächlich über Vergorenes wie Sauerkraut, saure Rüben, Miso, Mixed Pickles, Salzgurken und ähnliches. Auf diese Weise sichern wir uns täglich vielfältige und ausreichende, ausbalancierte Mineralstoffe.

Bauernmarkt

Fette und Öle

Wir brauchen Fett, um Fett zu verlieren. Man hat erkannt, dass eine fettfreie oder fettarme Kost, z. B. die so genannten Light-Produkte, nicht viel Erfolg gebracht hat. Fette sind lebenswichtige Baustoffe für Zellwände und Nerven. Ohne Fette können wir weder Hormone bilden noch Gallensäuren, die unerlässlich für eine gute Verdauung sind. Fett ist aber nicht gleich Fett.

In der ACIDOSE-NATURKÜCHE bevorzugen wir hochwertige Fette, die so genannten Fitfette. Sie werden vor allem von Pflanzen gebildet und setzen sich aus ungesättigten Fettsäuren zusammen. Achten Sie auf kaltgepresste, nicht raffinierte Produkte. Wechseln Sie ab, wenn Sie Öle kaufen, denn es gibt auch hier sehr große Unterschiede. Verwenden Sie nicht immer das gleiche Pflanzenfett. Zur Auswahl stehen beispielsweise Olivenöl, Sonnenblumenöl, Rapskernöl, Distelöl, aber auch Mohnöl, Senföl, Sesamöl oder Walnussöl. Auch die aus Palmen gewonnenen Kokosfette* und Palmfette* sind sehr ausgewogen. Oder man denke an Leinöl, frisch gepresst.

Zu vermeiden sind dagegen vor allem die „Moppelfette“, wie sie in Wurst, Schmalz und billigen Margarinen vorkommen. Diese enthalten zu viele gesättigte Fettsäuren und darüber hinaus oft noch riskante „Transfettsäuren“, die unserem Körper, unseren Zellen schaden.

Ghee = ausgelassene Butter

Ausgelassene Butter ist reines Fett und milcheiweißfrei.
Unsere Großmütter wussten: Ausgelassene Butter ist bekömmlicher.
Noch vor 100 Jahren wurde in unserer Kultur
nur ausgelassene Butter verwendet.

Ghee = ausgelassene Butter

Anleitung zur Gheeherstellung:

1. Süßrahmbutter in einen Kochtopf geben – größere Mengen sind einfacher zuzubereiten. Bei minimaler Wärme ca. 40 Minuten ohne Rühren auslassen. Eiweißflocken trennen sich vom Fett und lagern sich am Boden ab.

2. Vorsichtig das Fett in Gläser füllen.

3. Rest in ein Schraubglas geben und umdrehen, Eiweiß (hell) setzt sich unten ab, Fett (gelb) steigt hoch. Nach dem Erkalten kann das Eiweiß abgeschöpft werden.

4. Reines Ghee.

Variation:
Ghee mit diversen Gewürzen,
z. B. asiatisch, indisch, arabisch versetzen.
Unbedingt in geschlossenen Schraubgläsern schütteln, bis es fest ist.

Zucker

In den letzten Jahrzehnten habe ich erkannt, dass der hohe Zuckerkonsum einer der Hauptverursacher von acidotischen Lymphblockaden* und maskierten Allergien ist.
Selbst eine gesunde Säure-Basen-Küche verliert bei einem Übermaß an alternativen, eigentlich gesunden Süßungsmitteln wie brauner Zucker, Honig oder Agavendicksaft ihre Ausgewogenheit.
In der Fünf-Elemente-Lehre ist das Süße, Neutrale das Erdelement. Das Erdelement entspricht unserer Mitte und somit auch unserem Wohlsein. Das Erdelement hat in der Kinderernährung einen wichtigen Stellenwert.
Denken Sie daran: Viele Gemüsesorten besitzen Süße, z. B. Möhren oder Kartoffeln. Auch hier ist das Beachten von Ausgewogenheit und Einfachheit angebracht.

Bienenwabe

Meersalzgewinnung am Atlantik

Salz

Die tägliche Aufnahme von natürlichem Salz wie Meersalz, Steinsalz oder Salinensalz ist wichtig, um das Säure-Basen-Gleichgewicht zu halten. Diesen Reichtum, der schon vor Tausenden von Jahren teuer bezahlt wurde, dürfen Sie heute abwechslungsreich als Gewürz verwenden. Kristallsalz liefert über 80 lebenswichtige Mineralstoffe, die unser Organismus benötigt und auch optimal verwerten kann. Sie sind in raffiniertem Salz nicht mehr enthalten. Salz mit Jod- oder Fluoridzusatz ist unnatürlich.

Natürliches Salz unterstützt unseren Stoffwechsel dabei, Fettzellen zu entleeren und Schlacken abzubauen. Diese Salze und Mineralien befinden sich in unserer körpereigenen Lymphflüssigkeit. Sie regulieren maßgeblich den Säure-Basen-Haushalt.

Die Lymphe benötigt immer einen bestimmten Salz- und Mineralienspiegel, um auch Wasser aufnehmen zu können. Ein Mineraliendefizit unterstützt die acidotische Lymphblockade und verfestigt die Lymphflüssigkeit.

Unten: Walnüsse.
Weiter im Uhrzeigersinn: Sonnenblumenkerne, Kürbiskerne, Pinienkerne, Mandeln, Cashewkerne, Pistazien.
Mitte: Paranüsse.

Kerne und Körner

. . . sind nicht nur für Vögel da!
Sie enthalten alle lebensnotwendigen Nährstoffe.
Sie können gekeimt wer den. Sie können geröstet werden.
Schmackhaft auch als salzige Knabberei . . .

Grundrezept Gomasio
Zutaten:

- 1 Tasse ungeschälter Sesam
- 1 Teelöffel Salz

Zubereitung:

Die Zutaten in einer Pfanne ohne Fett bei minimaler Hitze ca. 20 Minuten goldgelb rösten.

Rezept-Creationen

Sesamsalz (Gomasio)
Kinder- und Schonkost

Ungeschälten Sesam ca. 20 Minuten bei minimaler Hitze rösten.
Gerösteten Sesam im Suribashi* mörsern.
Mit unraffiniertem Salz vermischen und in ein Schraubglas füllen, damit es seinen Duft behält. Schmeckt besonders gut zu Gemüse, Salat, Kartoffeln.
Salzloses Gomasio können Sie in der süßen Küche verwenden.

Sonnenblumen-Kürbiskern-Knabbereien
SÄURE-FASTEN®

Grundrezept mit 1 Tasse Sonnenblumenkerne und 1 Tasse Kürbiskerne anstelle von Sesam.
Danach Pfanne vom Herd nehmen,
2-3 Esslöffel Sojasauce untermengen, so lange mit Stäbchen vorsichtig rühren, bis keine Feuchtigkeit mehr in der Pfanne ist.
Kerne auf einem Teller zum Auskühlen verteilen.
Schmeckt auch gut zu Salaten und Suppen.

Sesam-Sonnenblumenkern-Kürbiskern-Mandel-Mischung
Gourmetkost

Sesamsalz, Sonnenblumenkerne, Kürbiskerne, Mandeln mischen, nach Geschmack mit getrockneten Kräutern mischen.
Verfeinert Ofenkartoffeln, Cremesuppen, als Gemüse- und Fischpanade …

Kräuterstrauß

Keimlinge und Kräuter

Keimlinge im Herbst und Winter spenden uns Vitamine und vor allem Folsäure* in der kalten Jahreszeit.
Kräuter im Frühjahr und Sommer sind die besten Gesundheitsbegleiter, um sich leicht und wohl zu fühlen.

Keimlinge und Kräuter

Zubereitung von Keimlingen:

Besorgen Sie sich eine Keimbox und Samen wie Alfalfa*, Boxhornklee* oder Radieschen.
Wichtig: Nicht zu viel Saatgut verteilen und 2-3 mal täglich mit warmem Wasser besprühen.
Je nach Saatgut können Sie die Keimlinge ab dem 3. Tag verwenden.

Tipp:

Keimen Sie auch ab und zu Ihre Linsen und sonstigen Hülsenfrüchte, Sie können so die Lebendigkeit der Samen durch Keimung testen. Keimen sie nicht, wurden die Samen bestrahlt und sind somit kein Lebensmittel.

Ein bunter Kräutersalat im Sommer lässt uns die Vielfalt der Natur mit allen Sinnen erspüren.

Kräuter in Töpfen, wie Thymian, Salbei oder Oregano zieren Ihre Fensterbank und sind schnell griffbereit.

Welcher Schatz in der heutigen Zeit: ein eigener Kräutergarten.

Gesunde Getränke

Unser Körper benötigt mineralhaltige Flüssigkeit. Wer zum Schwitzen neigt, benötigt viel Flüssigkeit, jedoch nicht nur reines Wasser. Eine Gemüsesuppe mit Miso* harmonisiert den Mineralienhaushalt. Ältere Menschen, die sich schwach fühlen, und Menschen mit Kreislaufproblemen sollten diesen Tipp unbedingt mal ausprobieren.

Ich werde immer wieder gefragt: Wie viel muss ich täglich trinken? Auch das ist stets nur individuell zu entscheiden. Denken Sie daran: Tiere trinken instinktiv nur, wenn sie Durst haben.
Trinkverbote wie auch ein Übermaß an Trinkempfehlung können sich eher schädlich auswirken. Wenn Sie reichlich Obst und Gemüse essen, ist der Flüssigkeitsbedarf geringer. Essen Sie viele Kohlenhydrate wie Brot und Kuchen, werden Sie automatisch mehr Durst haben.
In unserer hektischen Zeit haben wir verlernt gut zu kauen. Getränke werden benutzt, um große Bissen der Nahrung beim Schlucken hinunterzuspülen. Ich empfehle beim SÄURE-FASTEN® immer, gut zu kauen und eine halbe Stunde vor und nach dem Essen keine Flüssigkeit zu trinken. Probieren Sie dies mal einige Tage bei Ihren normalen Mahlzeiten aus, Ihr Körper wird es Ihnen danken.

Das einzige Getränk auf Erden ist Wasser.
Alle anderen Getränke sind Genussmittel und sollten deshalb nur in Maßen genossen werden. Kaffee, Schwarztee, Früchtetee, Säfte, Softdrinks und Alkohol im Übermaß können übersäuernd wirken. Wir trinken unseren Kaffee und Tee oft zu stark. Obstsäfte mit Wasser zu verdünnen, verbessert sowohl für Erwachsene als auch speziell für Kinder die Verträglichkeit.
Die Qualität der Getränke hat einen maßgeblichen Einfluss auf den Säure-Basen-Haushalt und die Lymphflüssigkeit.

Zu beachten gilt: Wasser ist nicht gleich Wasser. Das beste Wasser ist ein reines Quellwasser. Alternativ nehmen Sie ein hochwertiges Mineralwasser ohne Kohlensäure zu sich. Kohlensäure ist eine Säure und muss sonst vom Körper wieder aktiv abgeatmet werden, damit sie das Säure-Basen-Gleichgewicht nicht zusätzlich belastet.

Wechseln Sie die diversen „Wässerchen“ ab, was bei dem großen Angebot unserer Tage nicht schwer fallen sollte. So sind Sie auf der sicheren Seite.

Das einzige Getränk auf Erden ist Wasser.

Rotation

Die Rotation basiert auf einer abwechslungsreichen, glutenfreien und tier-milcheiweißfreien Ernährung.
Für 1 Woche wechseln täglich die Kohlenhydrate, Eiweiße und Gemüsearten.
Dieses Prinzip schont den Verdauungstrakt. Allergiker und Menschen mit Nahrungsmittelunverträglichkeiten können mit der Rotation einzelne Lebensmittel ausprobieren und testen.
Durch das Weglassen von Tiermilcheiweiß, das oft in Verbindung mit bestimmten Lebensmitteln Allergien erzeugt, können die so genannten Unverträglichkeiten schneller zum Stillstand kommen.

Die Rezepte zum Rotationsplan auf der folgenden Seite finden Sie im Rezeptteil ab Seite 72. Achten Sie bitte streng darauf, Morgenmüslis sehr mild zu süßen, verwenden Sie dazu ausschließlich Trockenfrüchte.
Ebenso gilt für Getränke: am besten Wasser und ungesüßte Kräutertees.

Für den erfolgreichen Ablauf dieser Woche empfehle ich Ihnen, Bohnen und Linsen jeweils 2 Tage vorab am Abend einzuweichen und am Tag vor der Verwendung weichzukochen. So verringern Sie den Zeitdruck bei der Zubereitung.

Idee eines tiermilcheiweiß- und glutenfreien Rotationsplans

Tag	morgens	mittags	abends
Montag	Wohlfühlsuppe mit 1 Teelöffel roter Linsen -- Süßes oder pikantes Reismüsli mit Banane	Salat der Saison mit roten Linsen -- Reis mit 2-3 verschiedenen gedünsteten Gemüsen	Reisnudeln mit Gemüsesoße
Dienstag	Wohlfühlsuppe mit geräuchertem Tofu -- Hirsemüsli mit Apfel	Salat der Saison mit geräuchertem Zwiebeltofu -- Hirse mit 2-3 Sorten gedünstetem Gemüse	Hirselaibchen (wie Getreide-frikadellen)
Mittwoch	Dicke Wohlfühl-Kartoffelsuppe mit Räucherlachsstreifen	Salat der Saison -- Kartoffeln mit gedämpftem Fisch und 2-3 gedünsteten Gemüsen	Kartoffeltaler
Donnerstag	Wohlfühlsuppe mit Kidneybohnen -- Quinoamüsli mit Trockenfrüchten	Salat der Saison mit Hijiki-Algen und asiatisch gewürztem Dressing -- Hirse-Couscous mit 2-3 gedünsteten Gemüsen	Quinoasalat mit „Resten" (wie Gemüse-Getreide-Salat)
Freitag	Wohlfühlsuppe mit Beluga-Linsen -- Polenta mit Ananas	Salat der Saison mit Beluga-Linsen in POTAMOS-Dressing	Gebackene Polentasterne
Samstag	Wohlfühlsuppe „japa-nisch" mit Hijiki-Algen -- Hirse-Couscous-Müsli mit Papaya	Salat der Saison mit Hijiki-Algen und asiatisch gewürztem Dressing -- Hirse-Couscous mit 2-3 gedünsteten Gemüsen	Couscoussalat aus Resten (wie Gemüse-Getreide-Salat)
Sonntag	Wohlfühlsuppe mit Geflügeleinlage -- Buchweizenmüsli mit Obst nach Jahreszeit	Salat der Saison -- Buchweizen mit Geflügel-Tandoori	Buchweizen-bratlinge (wie Getreide-frikadellen)

Zubereitung

Speisen schmackhaft und harmonisch zuzubereiten, ist die „einfache Kunst" der ACIDOSE-NATURKÜCHE. Mein Tipp: Achten Sie auf die Farben, die Saison, auf die Kombination von Wurzelgemüse und Gemüse, das über der Erde wächst. Schneiden Sie Ihr Gemüse nach Jahreszeit: im Sommer fein und im Winter grob (Schnitttechniken Seite 212).

Lassen Sie das geschnittene Gemüse in wenig Wasser 2-3 Minuten bei geschlossenem Topf sanft köcheln. Anschließend mit einer Prise Salz bestreuen, etwas Öl nach Geschmack darüber geben. Den Topf von der Herdplatte nehmen und bei geschlossenem Topf noch 1-2 Minuten nachruhen lassen – freuen Sie sich auf ein wunderschönes schmackhaftes Gemüse zu Ihren Beilagen. Die Gemüsebrühe ist zum Wegschütten viel zu schade und zu wertvoll. Sie enthält wasserlösliche Vitamine und Mineralien. Nehmen Sie diese als Grundlage für Suppen, Soßen und andere Speisenverfeinerungen.

Würzen Sie im Frühjahr und Sommer reichlich mit frischen Kräutern. Sie können diese im Garten oder in den eigenen Blumenkästen ziehen und ernten. Wichtig: Kräuter nicht mit Kunstdünger düngen!
Im Herbst und im Winter sind Keimlinge, Samen und Nüsse eine abwechslungsreiche Würze, die die Speisen auch dekorativ aufwerten. Nebeneffekt: Samen und Nüsse sind gehaltvolle Eiweiß- und Calciumträger, die Keimlinge spenden die Folsäure, die wir im Frühjahr und Sommer über frisches Grün erhalten.

Wesentlich für meine ACIDOSE-NATURKÜCHE sind Schnitttechniken, Farben, Art der Kochstelle, Gemütslage des Kochs, hochwertige Bioqualität der Lebensmittel, Frische der Lebensmittel, die Freude am Kochen und mit den Lebensmitteln etwas Schönes zu zaubern. Wenn wir mit Freude und Ruhe zu Werke gehen, schmeckt das Essen gleich viel besser. Ihre Familie und Ihre Gäste werden es spüren und Ihnen danken.

Mengenangaben

Die Rezepte in diesem Buch sind meist in einfachen Maßeinheiten angegeben. Dies erleichtert den Ablauf wesentlich. Um die Qualität und die Aromen der Lebensmittel noch mit allen Sinnen wahrnehmen zu können, verwende ich gerne Rezepte mit wenigen Zutaten. Dies vereinfacht die Zubereitung sehr. In der Einfachheit, so finde ich, liegt die wahre Größe. „Alles Große ist einfach", sagte schon Goethe. Entscheidend dabei ist: Nur aus guten Rohstoffen kann ein gutes Endprodukt entstehen!
So gibt es in meiner Küche eine Grundregel: Das Beste vom Besten ist gerade gut genug für mich und uns – aber immer maßvoll: lieber wenig, aber dafür sehr hochwertig.

Keimbox mit Sprossen

Kapuzinerkresse*

Esskultur

In der heutigen schnelllebigen Zeit ist eine entschleunigte und wertschätzende Esskultur wichtig.
Jede Mahlzeit sollte zur wichtigen Zeremonie werden, ein Zusammensein, Zusammenkommen der ganzen Familie. Dazu gehört auch, dass wir uns bewusst auf die Lebensmittel, das Essen einstellen, achtsam mit allen Sinnen wahrnehmen, mit Nase, Gaumen, Augen bei der Sache sind.

Und schließlich auch mit Dankbarkeit: dafür nämlich, dass wir an einem schön gedeckten Tisch sitzen und in Ruhe das aufnehmen können, was uns Mutter Erde täglich bereitet, dass wir nur noch „richtig zuzulangen" brauchen.
Mit allen Sinnen genießen dient nicht nur der Lust, sondern hat auch einen ganz wichtigen medizinischen Grund: die Produktion der Verdauungssäfte zu aktivieren.

Mit allen Sinnen genießen

Creatives Anrichten

Vorbereitung der Tellergarnitur und der Tischgestaltung ist wichtig für einen reibungslosen Ablauf, wenn Sie Gäste erwarten.

Desserts vorbereiten!

Creatives Anrichten der Speisen

Setzen Sie folgende Tipps in Ruhe um und Ihre Kreativität beim Kochen wird Sie beschwingen.

Tellergarnitur passend zu den Speisen vorrichten.

Tischgestaltung nach Jahreszeit

Ein schön gedeckter Tisch, die Grundlage eines guten Essens.

Desserts können vorbereitet werden.

Farben bringen eine harmonische Stimmung für Ihre Gäste.

Die Kinderkost in der ACIDOSE-NATURKÜCHE

Die Kinderkost ist in meiner Küche ein wesentliches Element. Kinder benötigen, wie ich meine, einen ausgewogenen vegetarischen Teller.

Häufig mögen sie kein Fleisch und keinen Fisch. Wir sollten die Kinder dann nicht dazu zwingen, da genügend Eiweiß über pflanzliche Anteile wie Hülsenfrüchte, Linsen und Bohnen oder Nüsse verfügbar ist.
Erst in der Pubertät kommt dann oft das Verlangen nach Fleisch. Hier sollten Eltern bereit sein nachzugeben und ihren Kindern die ihnen angemessene individuelle Kost zukommen lassen.
Erwachsene, die sich vegetarisch oder vegan ausgerichtet haben, stehen in der Verantwortung hinzuschauen, was ihr Kind individuell für seine zukünftige körperliche Entwicklung benötigt.

Die Kinderkost baut auf der Schonkost auf, enthält ausgewogene Anteile an leichtem Getreide, Gemüse, Hülsenfrüchten, frischem Obst und verdünnten Säften, Kräutern und Gewürztees.
Sie können als Eltern Pflanzenmilch aus Mandeln, Hirse, Reis und vielem mehr selbst herstellen.
Natürliche Zuckerarten wie Trockenfrüchte, süße Gemüseanteile wie Karotten, Kartoffeln oder Pastinaken kommen ebenfalls gut an.
Beachten Sie einen farbenfrohen Teller mit einer spielerischen Garnitur. Ihr Kind wird mit Neugier und Freude auch Neues ausprobieren.

Kinder lieben das Erdelement, das Süße, die Mitte. Wenn Knabbereien, dann bitte gesundes Naschwerk wie Nüsse, Samen oder selbstgemachte Crunchies (Rezept Seite 179).

Die Kinderkost baut auf der Schonkost auf.

Löwenzahnwiese am Naturteich

Bitterstoffe

Ein wahrer Jungbrunnen für unsere Verdauung,
leberaufbauend und entgiftend.
Im Frühjahr die frischen Kräuter,
im Herbst und Winter die Keimlinge.

Bitterstoffe

„Wir essen zu süß, zu fett, zu viel durcheinander, zu wenig bitter und vergoren.“

Medizin schmeckt bitter – das wird uns schon als Kind beigebracht. Und es steckt ein wahrer Kern in dieser Redensart. Denn Bitterstoffe in Kräutern und anderen Gewächsen gehören zu den wirklichen Glanzlichtern der ACIDOSE-NATURKÜCHE.

Ursprünglich waren sie universell verbreitet, steckten in Wurzeln, Blättern, Früchten, Nüssen – also in jenen frugalen Fundsachen, die als Ausbeute in den Sammelkörben der natürlich lebenden frühen Menschen landeten. Besonders reichlich steckten sie im „Grünzeug“, was noch heute seine Spuren in der Wertschätzung beispielsweise von Bitterkräutern hinterlassen hat. So war es jedenfalls für uns, natürlicherweise, von der Schöpfung einst vorgesehen.

Doch menschlicher Erfindungsdrang in der modernen Pflanzenzucht hat dieser Tradition ein abruptes Ende bereitet. Man bemühte sich mit allzu großem Erfolg, die oft sehr bitteren Feldfrüchte geschmacklich abzumildern.

Und dies hieß hauptsächlich: ihnen die bitter schmeckenden Anteile wegzuzüchten.

Wer kennt heute noch z. B. eine bittere Gurke? Wer isst heute noch gerne bittere Salate? Dabei merzte man aber gleichzeitig den vielleicht wichtigsten medizinisch wirksamen Gehalt der Gewächse aus.

Was heute an Nutzpflanzen in den so genannten Frischeregalen unserer Supermärkte angeboten wird, kann nur noch als Abklatsch ursprünglicher Vitalität und Geschmacksfülle, zu der ganz wesentlich die herben Nuancen zählen, betrachtet werden.

Wenn also Nahrung tatsächlich „unsere beste Medizin“ ist, woran eigentlich kein Zweifel mehr besteht, dann gilt dies in besonderer Weise für die damit aufgenommenen Bitterstoffe. Um die letzten Reservate der nützlichen bitteren Naturmedizin aufzuspüren, müssen wir nur ein paar Schritte in die freie Natur tun und Wildgemüse wieder neu kennen lernen.

Reichlich Bitterstoffe enthalten beispielsweise: Löwenzahn, Schafgarbe, Gänseblümchen, Geißfuß, Vogelmiere, Melde, Wermut, Schöllkraut, Brennnessel und Brunnenkresse.
Beim Gemüse fallen in puncto Bitterstoffe besonders auf: Radicchio, Chicoree, Endivien, Ruccola, Artischocke, Brokkoli und andere Kohlarten.
Noch besser sind frische Kräuter wie Basilikum oder Thymian aus dem eigenen Garten oder von der Fensterbank.

In der heutigen Zeit werden auch Bitter-Basen-Pulver* in fertiger Form angeboten.

Bitterstoffe sind ein Jungbrunnen für den Stoffwechsel. Sie wirken blutreinigend und entwässernd. Sie regen die Verdauung, den Gallenfluss und die Darmbeweglichkeit sofort spürbar an.

Bitterstoffe erweisen sich damit als unverzichtbare Unterstützung für die permanent notwendige Entsäuerung, Entgiftung, Entschlackung und sind somit eines der wichtigsten Lebensmittel in der ACIDOSE-NATURKÜCHE.

Artischocke gekocht mit milcheiweißfreien Dips.

Vergorenes

Vergorenes ist ein außerordentlich wichtiges Element der ACIDOSE-NATURKÜCHE. Wir setzen verschiedene Gemüse an, die unter Druck oder mit zugesetzter Salzlake Milchsäurebakterien* entwickeln.
Diese sind wichtig zum Aufbau einer gesunden individuellen Darmschleimhaut* und deren Darmflora*. Vergorenes gehört auf jeden Teller. 1 Gabel pro Mahlzeit reicht aus, um den Vitamin- und Mineralstoffbedarf zu optimieren.

Früher haben fast alle Völker gepökelt*, eine uralte Kunst. Man hatte erkannt, dass die Lebensmittel so haltbarer und bekömmlicher wurden. Die Asiaten sind heute noch wahre Künstler der traditionellen Pökeltechnik*.
Aber auch wir kennen gepökelten Fisch oder gepökeltes Fleisch, traditionelles Sauerkraut, Salzgurken, vergorene grüne Bohnen. Die Älteren von uns erinnern sich vielleicht auch noch an die Soleier*.

Wichtige Tipps bei der Herstellung:

- Achten Sie beim Einlegen auf gutes, natürlich ausgereiftes Gemüse ohne künstliche Düngerzusätze.
- Hochwertiges, feines und unraffiniertes Salz verwenden.
- Beim Picklen bitte Wasser ohne Zusätze wie Chlor verwenden.
- Benutzen Sie keine Schneidebretter oder Messer, mit denen Sie tierisches Eiweiß wie Fleisch oder Fisch bearbeitet haben. Die Bakterien können den Garprozess behindern.
- Die 1. Phase beim Einlegen oder Pressen ist ein leichtes Gären (Blasenbildung).
- Bei der 2. Phase kann sich an der Oberfläche eine trübe bis schleimige weißgraue Substanz bilden. Diese kann entfernt werden, sie behindert den weiteren Gärprozess nicht. Alle anderen Farben bis hin zu Schimmelbildung zeigen an, dass sich fremde Bakterien gebildet haben. Dann müssen Sie erneut anfangen.

Vergorenes

Vergorenes gepresst ist natürlich vergorenes Gemüse.
Unser Sauerkraut (nicht pasteurisiert) ist dafür bekannt.
Es kann schon nach einer Woche Gärprozess verwendet werden.

Für Pickles wird das Gemüse mit einer Salzlake zum Gären gebracht.
Der Gärprozess dauert zwischen 2 Wochen und 4 Monaten.

Vergorenes gepresst

Zutaten-Varianten:

- Weißkohl
- Rotkohl
- Möhren
- Rettich
- Alle Wurzelgemüse

Zubereitung:

Gemüse fein schneiden, mit Salz kräftig durchkneten (für einen mittleren Kohlkopf ca. 2 Esslöffel Meersalz dazugeben). Nach Geschmack Kümmel, Algen, sonstige Gewürze, mit vergorenem Essig abschmecken.
In die Presse geben und 1-2 Tage bei Raumtemperatur stehen lassen. Danach kühl stellen. Die Milchsäurebakterien* entstehen nach ca. 5 Tagen.

Rezept-Creationen

Rosinenkarotten
Kinder- und Schonkost

Grundrezept, 1 Esslöffel Rosinen, nach Geschmack Himbeeressig.

Weißkraut
SÄURE-FASTEN®

Grundrezept mit Ume Su* statt Essig

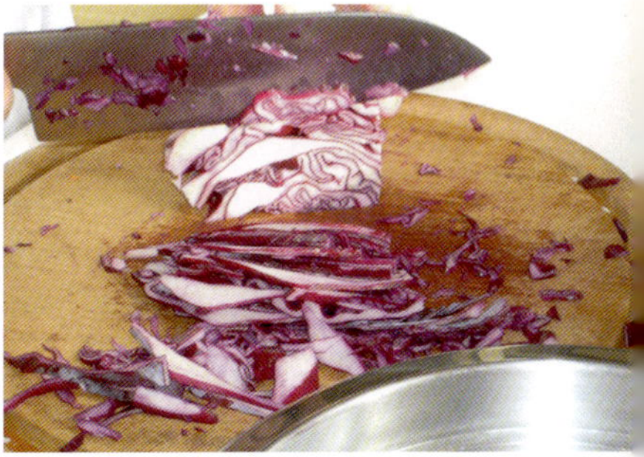

Zimtrotkraut
Gourmetkost

Grundrezept, 1 Esslöffel Zimt, 1 Esslöffel Datteln, nach Geschmack Balsamico dunkel.

Pickles

Zutaten-Varianten:

- Einleggurken
- Paprika rot, gelb, grün
- Tomaten rot, gelb, grün
- Kürbis aller Art
- Kohl aller Art
- Ingwer
- Rettich
- Gewürze nach Geschmack
  z.B. Senfkörner, Lorbeerblätter,
  Dill, Knoblauch

Mixed Pickles:

- Gemüse aller Art

Menge:

Nach Belieben und Größe der Gefäße

Zubereitung:

Frisches Gemüse waschen, in saubere Gläser schichten, mit Gewürzen und Kräutern nach Belieben abschmecken.

Mit folgendem Sud übergießen:

Wasser mit 1 gestrichenen Esslöffel unraffiniertem Salz pro Liter aufkochen. Nach dem Abkühlen 2 Esslöffel Kwass* oder Sauerkrautsaft dazugeben. Den Sud über das Gemüse geben, sodass es bedeckt ist.

Die Gläser ohne Deckel ca. 1 Tag in der Küche stehen lassen. Danach mit dem Deckel verschließen und kühl stellen. Nach etwa 3 Wochen Gärungszeit können Sie die Pickles aus eigener Produktion genießen.

Rezept-Creationen

Salzgurken

Grundrezept, Dill, 3-5 Knoblauchzehen, 3 Lorbeerblätter, 3 Teelöffel Senfkörner.

Süßsaure Kürbispickles

Grundrezept mit Kürbis, 1 Esslöffel Agavendicksaft.

Paprikapickles

Grundrezept mit Paprika.

Rezepte

Nach so viel Theorie wünsche ich Ihnen viel Freude bei der Zubereitung der Speisen.

Der Rezepteteil ist aufgebaut wie der Tagesablauf:
Frühstück – Mittagessen – Abendessen.

Er ermöglicht Ihnen, Ihre individuelle Ernährungslinie wie
Kinder- und Schonkost,
SÄURE-FASTEN®,
Gourmetkost
zu leben.

Das Rezept auf der linken Seite ist die Basis für das Thema.
Auf der rechten Seite finden Sie dann Anregungen, wie Sie das Grundrezept für Ihre individuelle Ernährungslinie abwandeln können.
Die Variationsmöglichkeiten sollen Ihnen neue Impulse geben, mit den Rezepten zu spielen und eigene Ideen zu entwickeln.

Sie werden jedoch auch Einzelrezepte finden, etwa beim Backen, wo jedes Rezept eine eigenständige Kreation ist.
Die Rezepte sind im Laufe der Jahre in den Seminaren zur ACIDOSE-NATURKÜCHE entwickelt und häufig erprobt worden. Sie waren für alle Seminarteilnehmer leicht umzusetzen. Erstaunlich und schön ist es, wie die Teilnehmer immer wieder mit anderen Gewürzen oder Zutaten vielfältige neue Gerichte kreieren.
An dieser Stelle möchte ich Ihnen nochmals Mut zusprechen, mit Kräutern, Kernen und Gewürzen zu variieren und Ihrer Phantasie freien Lauf zu lassen. Der harmonische Geschmack Ihrer zubereiteten Speisen wird es Ihnen lohnen.

Die folgenden Rezepte sollen Sie als Leitfaden zu neuen Ideen inspirieren. Ich wünsche Ihnen viel Freude beim Ausprobieren!

Suppen

Suppen erwärmen Magen und Gemüt.
Die Morgensuppe hatte noch bei unserer Großmutter Tradition.
Die Mittagssuppe bereitet den Magen auf unsere Speisen vor.
Die Abendsuppe ist die leichteste Kost, um gut zu schlafen.

Unsere Wohlfühlsuppe

Grundrezept
Zutaten für 2 Personen:

- 1 Zwiebel
- 1 Möhre
- 1 Stück (ca. 5 cm) Lauch
- 1 Kartoffel
- 1 Teelöffel Noriflocken*
- 4-5 Tassen Wasser
- 1 Teelöffel Gemüsebrühe
- Kräuter zum Garnieren
- 1-2 Teelöffel kalt gepresstes Öl
- 2 Teelöffel Miso*

Zubereitung:

Wasser aufsetzen, in der Zwischenzeit Gemüse klein schneiden.
Alle Zutaten ins Wasser geben, ca. 10 Minuten köcheln.
Vor dem Servieren mit Öl und Miso verfeinern.

Miso nicht kochen, um die Milchsäurebakterien* zu erhalten.

Die Gemüse-Miso-Suppe ist eine reichhaltige pflanzliche Eiweißquelle, die Vitamine, Kohlenhydrate und durch das Miso Vitamin B12 enthält.

Rezept-Creationen

Kartoffelsuppe
Kinder- und Schonkost

Grundrezept, weitere 4-5 Kartoffeln zugeben, Suppe pürieren.

Suppe „Asia"
SÄURE-FASTEN®

Grundrezept, asiatische Kräutermischung (Achtung: glutamatfrei!). Nach Geschmack zusätzlich würzen.
Zum Schluss Sesamöl darüberträufeln, mit Kräutern und Sprossen garnieren.

Krabbensuppe mit Reiseinlage
Gourmetkost

Grundrezept ohne Kartoffeln.
1 Teelöffel feingehackten Ingwer zugeben, 1 gehäuften Esslöffel Basmatireis mitkochen. Die abgekochten Krabben vor dem Servieren zugeben. Mit Sojasoße und Sesamöl abschmecken.
Suppe noch 5 Minuten ruhen lassen.

Rote Wintersuppe

Grundrezept Wohlfühlsuppe
Zutaten für 2 Personen:

- 1 Zwiebel
- 1 Möhre
- 1 Stück (ca. 5 cm) Lauch
- 1 Kartoffel
- 1 Teelöffel Noriflocken*
- 4-5 Tassen Wasser
- 1 Teelöffel Gemüsebrühe
- 1-2 Teelöffel kalt gepresstes Öl
- 2 Teelöffel Miso*

Rote Wintersuppe:
5 Wacholderbeeren
¼ Apfel geschält
2 kleine Rote Bete
½ Teelöffel geriebener Ingwer
2 Esslöffel Sesamöl, geröstet
Zum Garnieren:
- Geriebener Meerrettich, Apfelstücke
- Gehackte Petersilie

Zubereitung:

Wasser aufsetzen, in der Zwischenzeit alle Gemüse klein schneiden. Alle Zutaten ins Wasser geben, ca. 15 Minuten köcheln.
Die Wacholderbeeren aus der Suppe nehmen.
Die Suppe pürieren und mit Meerrettich, Apfelstücken und Petersilie garnieren.

Rezept-Creationen

Süßkartoffelsuppe*
Kinder- und Schonkost

Grundrezept, zusätzlich 2 Süßkartoffeln. Suppe pürieren.

Spinatsuppe
SÄURE-FASTEN®

Grundrezept, frischer Spinat (Menge nach Geschmack).

Bohnen-Pflaumen-Suppe
Gourmetkost

Grundrezept, 1 Tasse Wachtelbohnen* (über Nacht eingeweicht), 4 kleingeschnittene Trockenpflaumen. Kochzeit mindestens 3 Stunden. Mit 1 Esslöffel dunklem Balsamico, 1 Prise Galgant* und Salz abschmecken.

Brokkolicremesuppe

Grundrezept Wohlfühlsuppe
Zutaten für 2 Personen:

- 1 Zwiebel
- 1 Möhre
- 1 Stück (ca. 5 cm) Lauch
- 1 Kartoffel
- 1 Teelöffel Noriflocken*
- 4-5 Tassen Wasser
- 1 Teelöffel Gemüsebrühe
- Kräuter zum Garnieren
- 1-2 Teelöffel kalt gepresstes Öl
- 2 Teelöffel Miso*

Brokkolicremesuppe:
- 1 kleiner Brokkoli
- 1 Teelöffel Kuzu* oder Pfeilwurz*
- 2 Esslöffel Sojasahne
- Kräuter

Zubereitung:

Wasser aufsetzen, in der Zwischenzeit alle Gemüse klein schneiden.
Alle Zutaten ins Wasser geben, ca. 10 Minuten köcheln.
Mit Öl und Miso abschmecken.
Die Suppe pürieren.
Kuzu oder Pfeilwurz mit wenig kaltem Wasser aufrühren und in die Suppe geben.
Mit Sojasahne verfeinern, und mit Kräutern garnieren.

Rezept-Creationen

Nudelsuppe
Kinder- und Schonkost

Grundrezept, 1 Tasse Reis-Rigatoni hinzufügen.

Tomaten-Kokos-Suppe
SÄURE-FASTEN®

Grundrezept, 2 Tassen Tomatenpüree. Wichtig: 2-3 Stunden köcheln, zusätzlich Gemüsebrühe nach Bedarf. Mit 1 Tasse Kokosmilch, Sesamöl und asiatischer Gewürzmischung* abschmecken.

Kürbis-Quitten-Suppe
Gourmetkost

Grundrezept, 1 Scheibe Hokkaido-Kürbis* und 1 Quitte schälen, entkernen, in Würfel schneiden und zusammen mit 1 kleinen Zwiebel weichdämpfen. 1 Esslöffel Sojasoße dazugeben. Die Masse in die Suppe geben, diese pürieren. Mit Kürbiskernöl beträufeln.

Morgenstimmung

Frühstück

„Morgenstund hat Gold im Mund“.
Das Frühstück ist unser Energielieferant Nr. 1 für den gesamten Tag.
Besonders wer viel körperlich arbeitet,
sollte morgens schon
viel pflanzliches und in Maßen tierisches Eiweiß zu sich nehmen.

Bananen-Quinoa-Müsli

Grundrezept Quinoamüsli
Zutaten für 2 Personen:

- 1 Tasse Quinoa
- 2 Tassen Wasser
- 2 Esslöffel Rosinen
- 1 winzige Prise Salz

Bananen-Quinoa-Müsli

- ½ Tasse Kokosmilch
- 1 Banane
- Zimt und Agavendicksaft* nach Geschmack

Zubereitung:

Quinoa und Rosinen waschen, Wasser, Salz hinzufügen.
Etwa 10 Minuten gar kochen lassen.
Kokosmilch, Gewürze und Banane unterheben.
Das Müsli 3-5 Minuten ruhen lassen.
In einer Müslischale mit Banane und Pistazien garnieren.

Rezept-Creationen

Hirsemüsli
Kinder- und Schonkost

Grundrezept mit Hirse.
1 Tasse Reismilch, 1 Esslöffel Agavendicksaft*. Mit Mandeln garnieren.

Orangen-Reis-Müsli
SÄURE-FASTEN®

Grundrezept mit Basmatireis, 2 Feigen statt Rosinen.
1 Tasse Soja-Reismilch, 1 Orange.
Mit Mandelsplittern garnieren.

Mango-Erdbeer-Amaranth-Müsli
Gourmetkost

Grundrezept mit Amaranth, 4 klein geschnittene Datteln statt Rosinen.
Garzeit auf 15-20 Minuten verlängern, regelmäßig rühren.
1 Tasse Soja-Reis-Milch, Süße Küche*,
½ klein geschnittene frische Mango,
6 Erdbeeren.
Mit Kichererbsen-Popcorn oder Nüssen garnieren.

Hirse-Zwiebel-Speck-Müsli „Hüttenzauber“

Grundrezept Hirsemüsli
Zutaten für 2 Personen:

- 1 Tasse Hirse
- 2 Tassen warmes Wasser
- 1 Prise Salz

Müsli „Hüttenzauber“

- 1 Esslöffel Sonnenblumenöl
- 1 kleine Zwiebel
- 100 g geräucherter Schinken
- Salz, Pfeffer, Kräuter nach Jahreszeit

Zubereitung:

Die Hirse waschen und in einem Topf bei schwacher Hitze trocken garen, bis die Hirse nussig duftet.
Wasser hinzufügen und ca. 20 Minuten gar kochen.

In der Zwischenzeit die Zwiebel klein scheiden und in Öl andämpfen. Schinken in Würfel schneiden, zu den Zwiebeln geben, kurz andünsten. Die fertige Hirse hinzufügen, mit Salz, Pfeffer und Kräutern der Saison würzen. Alles behutsam vermengen.

Rezept-Creationen

Asiatisches Müsli

Kinder- und Schonkost

Grundrezept mit Reis. Räuchertofu, keine Zwiebel.
Mit gebratener Banane und Kräutern garnieren.

Polenta-Bohnen-Müsli mexikanische Art

SÄURE-FASTEN®

Grundrezept mit Polenta, ½ Teelöffel mexikanische Gewürzmischung*.
Bitte ständig rühren.
In der Zwischenzeit Zwiebel, etwas Lauch, Paprikawürfel und 2 Esslöffel abgekochte rote Bohnen kurz in Sonnenblumenöl dämpfen. Mit der fertigen Polenta vermengen.

Räucherlachs auf Hirse-Reis-Müsli mit Eigarnitur und Meerrettichschäumchen

Gourmetkost

Grundrezept mit Hirse und Reis zu gleichen Teilen. Statt Schinken Bioräucherlachs.
Ein gekochtes Ei vierteln, mit Meerrettichschaum* garnieren.

Walnussaufstrich „Markgräfler Land“

Grundrezept Aufstrich
Zutaten für 4 Personen:

- 4 Esslöffel Ghee*
- 2 Esslöffel Basmatireis, gekocht
- 2-3 Esslöffel Agavendicksaft

Aufstrich „Markgräfler Land“

- 2 Esslöffel fein gemahlene Walnüsse
- 2 Teelöffel Lebkuchengewürz
- 2 Teelöffel Nussmus

Zubereitung:

Alle Zutaten fein mixen, kühlen und garnieren.

Rezept-Creationen

Süßer Aufstrich „Afrika“
Kinder- und Schonkost

Grundrezept.
Kokosflocken, weißes Mandelmus.

Süßer Aufstrich „Orient“
SÄURE-FASTEN®

Grundrezept.
2 Esslöffel Halva*, Zimt.

Süßer Aufstrich „Rustica“
Gourmetkost

Aufstrich „Markgräfler Land“,
2 Esslöffel Zimtbrand*.
Mit Sojaschlagsahne garnieren.

Schwäbischer „Luggeleskäs“

Grundrezept
Zutaten für 4 Personen:

- 1 kleine Zwiebel
- 1 Knoblauchzehe
- 4 Esslöffel Ghee*
- 1 Teelöffel Salz
- 1 Prise Pfeffer
- 2 Teelöffel gemischte Kräuter
- 1 Esslöffel Sauerrahm vegan, (Sour supreme*)
- 1 Teelöffel Zitronensaft

Zubereitung:

Knoblauch und Zwiebel fein hacken, zusammen mit allen weiteren Zutaten in einen Mixer geben und cremig pürieren.
Mit Pfeffer und Salz nach Geschmack würzen.

Tipp:

Schmeckt lecker zu Brot und Kartoffeln.

Rezept-Creationen

Möhrenaufstrich „Toscana“
Kinder- und Schonkost

Grundrezept ohne Zwiebel, Knoblauch und Pfeffer. 4 weichgekochte mittelgroße Möhren, 4 Esslöffel Tomatenmark.

Linsenaufstrich „Indien“
SÄURE-FASTEN®

Grundrezept ohne Sauerrahm,
4 Esslöffel abgekochte Linsen,
1 Esslöffel Reis, indische Gewürzmischung*.

Forellenaufstrich „Schwarzwald“
Gourmetkost

Grundrezept, 1 geräuchertes Forellenfilet.

Aufstrich „Asia“

Grundrezept
Zutaten für 4 Personen:

- 4 Esslöffel Ghee*
- 2 Esslöffel gekochter Basmatireis
- 1 Prise Salz

Aufstrich „Asia“

- 50 g Räuchertofu
- 1 Teelöffel geröstetes Sesamöl
- 1 Teelöffel fein gehackter frischer Ingwer
- Asia-Gewürzmischung* nach Geschmack

Zubereitung:

Alle Zutaten in einen Mixer geben und cremig pürieren, kühl stellen.

Rezept-Creationen

Kartoffelaufstrich
Kinder- und Schonkost

Grundrezept mit 2 kleinen gekochten Kartoffeln statt Reis.
Mit Zimt abschmecken.

Aufstrich „Italia“
SÄURE-FASTEN®

Grundrezept. 8 schwarze entsteinte Oliven.
Mit Italia-Gewürzmischung* abschmecken.

Aufstrich „Arabia“
Gourmetkost

Grundrezept mit Kichererbsen statt mit Reis. ½ Teelöffel Kurkuma*, 2 Teelöffel Tahin*, 2 Knoblauchzehen.

Bauerngarten

Salate und Dressings

Salate spenden lebensnotwendige Vitamine:
Im Frühjahr die frischen Blattsalate mit Kresse und Kräutern.
Im Sommer diverse Salate gemischt
mit (Wild-)Kräutern und essbaren Blumen.
Im Herbst Feldsalat mit Kernen und Nüssen.
Im Winter Salate wie Chicorée, Apfel-Sauerkraut-Salat,
Vergorenes mit Keimlingen und Sprossen.

Feldsalat mit Knoblauchcroûtons auf POTAMOS Dressing

Grundrezept
Zutaten für 4 Personen:

- 300 g Feldsalat
- 1 gelbe Paprika
- Ume-Paste*

POTAMOS Dressing:

- 1 große rote Zwiebel
- 1 Knoblauchzehe
- 1 Esslöffel Miso*
- 2 Esslöffel Balsamico
- 3 Esslöffel Sonnenblumenöl
- 1 Esslöffel Gemüsebrühe

Knoblauchcroûtons:

- 2 Scheiben glutenfreies Toastbrot
- 1 Knoblauchzehe

Zubereitung:

Feldsalat putzen und waschen. Abtropfen lassen. Paprika waschen, in kleine Würfel schneiden und mit der Ume-Paste vermengen.

Zwiebel und Knoblauch klein schneiden und in eine Schüssel geben. Miso, Balsamico, Sonnenblumenöl und Gemüsebrühe hinzufügen und miteinander verrühren. Feldsalat und Paprikawürfel untermengen.

Toastbrot knusprig toasten und mit der Knoblauchzehe von beiden Seiten einreiben.
Anschließend in kleine Würfel schneiden. Zum Servieren über den Salat geben.

Rezept-Creationen

Gedünsteter Blattsalat
Kinder- und Schonkost

Beliebigen Blattsalat putzen, waschen und mit wenig Wasser dünsten.
Dressing wie Grundrezept, ohne Zwiebeln und Knoblauch.
Getreidefrikadellen statt Croûtons (Rezept Seite 207).

Bunter Wildkräutersalat
SÄURE-FASTEN®

Grundrezept mit jahreszeitlichem Salat, vielen Kräutern und essbaren Blüten.
Dressing-Variation: z. B. Himbeeressig statt Balsamico, ohne Knoblauch.

Frühlingssalat
Gourmetkost

Grundrezept mit jahreszeitlichem Salat, Radieschen, frischem gedünstetem Spargel und feinen roten Linsen (Rezept Seite 99).
Dressing-Variation: Sonnenblumenöl mit einigen Tropfen Bärlauchöl, weißer Balsamico.

Vielfalt der Hülsenfrüchte

Hülsenfrüchte

Alle Hülsenfrüchte wie Bohnen, Linsen oder Kichererbsen
liefern wertvolles pflanzliches Eiweiß.
Richtig zubereitet sind sie bekömmlich.
In Maßen gegessen sind sie gut verdaulich.
Ich empfehle:
2-3 mal wöchentlich Hülsenfrüchte als Fleischersatz.

Currylinsen

Grundrezept
Zutaten für 2 Personen:

- 1 Tasse Linsen
- 1 Zwiebel
- 1 Karotte
- 1 Knoblauchzehe
- ¼ Sellerie
- ½ Stange Lauch
- ½ l Gemüsebrühe

Currylinsen:

- 1 Teelöffel Curry
- 1 Messerspitze Kurkuma
- 2 Lorbeerblätter
- 2 Esslöffel Sojasoße
- 1 Esslöffel Balsamico
- 1 Esslöffel Olivenöl

Zubereitung:

Linsen waschen und über Nacht einweichen.
Die Linsen abschütten und mit einer Zwiebel und Curry anschwitzen.
Die Gemüsebrühe zugeben und mit 2 Lorbeerblättern ca. 2 Std. auf kleiner Stufe köcheln lassen.
Sellerie, Karotte, Lauch, Knoblauch und Kurkuma zugeben und eine weitere Stunde leicht köcheln.
Eventuell noch warmes Wasser zufügen.

Eine besondere Note bekommen die Linsen auch mit dem Balsamico, der Sojasoße und dem Olivenöl. Nach Belieben mit Kuzu* binden.

Dazu passen Kartoffeln.

Rezept-Creationen

Gelbe Linsen
Kinder- und Schonkost

Grundrezept mit Gelben Linsen – diese nicht einweichen! Zum Kochvorgang von ca. 30 Minuten das fein geschnittene Gemüse dazugeben.
Mit einem Esslöffel Sonnenblumenöl und einer Prise Salz abschmecken.

Grüne Erbsen
SÄURE-FASTEN®

Grundrezept mit Erbsen. Statt Curry Liebstöckel* und weißen Balsamico.

Belugalinsen*
Gourmetkost

Grundrezept mit schwarzen Belugalinsen. Statt Curry arabische Gewürzmischung*, statt Olivenöl Sesamöl.
Dazu passt Fisch im Reismantel.

Bohneneintopf „Bauernart“

Grundrezept Bohneneintopf
Zutaten für 4 Personen:

- 250 g weiße Bohnen
- 1 Zwiebel
- 1 Karotte
- 2 Lorbeerblätter
- ¼ Sellerieknolle
- ¼ Stange Lauch
- 1 Teelöffel Kurkuma
- 1 Esslöffel Balsamico
- Sojasoße*
- Pfeffer, Salz, Gemüsebrühe

Bohneneintopf „Bauernart“

- 250 g Speck oder geräucherter Tofu*
- 3 Esslöffel Tomatenmark
- 2 Kartoffeln

Zubereitung:

Hülsenfrüchte waschen, über Nacht in Wasser einweichen.
Wasser abschütten, durch neues ersetzen, ca. 3 Stunden auf kleiner Flamme köcheln lassen, eventuell heißes Wasser zugeben.
Zwiebel würfeln, glasig dünsten, Speck, Tomatenmark und Kurkuma hinzufügen und kurz andünsten.
Die gekochten Bohnen (vorher abschütten) zugeben und mit dem klein geschnittenen Gemüse verfeinern.
Mit 500-700 ml Wasser auffüllen, mit Sojasoße, Balsamico, Gemüsebrühe, Salz und Pfeffer würzen.
Den Eintopf nochmals 15-30 Minuten ziehen lassen, mit Fladen- oder Maisbrot servieren.

Rezept-Creationen

Rote Linsen

Kinder- und Schonkost

Grundrezept mit roten Linsen – diese nicht einweichen! Zum Kochvorgang von ca. 10 Minuten fein geschnittenes Schonkostgemüse nach Saison dazugeben, keinen Speck! Mit Gemüsebrühe und wenig Miso* würzen.

Kichererbsen „Rostbraten“

SÄURE-FASTEN®

Grundrezept mit Kichererbsen.
3 große Zwiebeln in Ringe schneiden, in Öl goldbraun anbraten. Abgekochte Kichererbsen zugeben. Mit je 5 Esslöffeln Sojasoße, Rotwein und Gemüsebrühe ablöschen.
1 Teelöffel Kurkuma zugeben, nicht umrühren! Zugedeckt schmoren lassen. Mit Kräutern und fein gehacktem Knoblauch abrunden, vorsichtig umrühren. Auf kleinster Flamme weitere 15 Minuten ruhen lassen.

Kidneybohnen

Gourmetkost

Bohneneintopf „Bauernart“, 1 rote Paprika klein gewürfelt, mexikanische Gewürzmischung* nach Geschmack.
Dazu passen Pfannkuchen (Rezept Seite 146).

Mohn

Nudeln

Nudeln bringen kleine und große Kinder zum Strahlen.
Gluten- und milcheiweißfreie Nudeln sind gut bekömmlich.
Nudeln werden abends besser verstoffwechselt als Brot.
Nudeln dürfen 2-3 Mal wöchentlich inklusive Abendessen
auf dem Tisch sein.

Maisspaghetti mit Thunfischsoße

Grundrezept
Zutaten für 2 Personen:

- 250 g glutenfreie Maisspaghetti

Thunfischsoße:

- 1 Zwiebel
- 1 Karotte
- ½ Paprika
- ½ Lauch
- 2 Knoblauchzehen
- 150 g Thunfisch
- 1 Tasse Tomatenpüree
- ½ Tasse Gemüsebrühe
- ½ Teelöffel Oregano

Zubereitung:

Nudeln nach Packungsangabe kochen.
In der Zwischenzeit Gemüse waschen und mit der Zwiebel glasig dünsten.
Mit Tomatenpüree und Gemüsebrühe ablöschen, auf kleiner Flamme etwa 20 Minuten sanft köcheln.
Oregano zugeben, mit Salz und Pfeffer abschmecken.
Knoblauch und Thunfisch untermischen.
Einige Minuten ziehen lassen.

Rezept-Creationen

Rigatoni mit Tomatensoße
Kinder- und Schonkost

Grundrezept mit Rigatoni-Reisnudeln. Soße ohne Knoblauch, Paprika, Thunfisch und Pfeffer.

Lauwarmer Glasnudelsalat
SÄURE-FASTEN®

Glasnudeln nach Packungsangabe zubereiten. Lauwarme Nudeln auf 1 Portion Salat legen. Dazu angebratene Gemüse-Frühlingsröllchen. Mit warmem POTAMOS Dressing (Rezept Seite 92) übergießen.

Hirsenudeln an buntem Paprika-Mais-Gemüse und feingebratenen Röhrlingen*
Gourmetkost

Hirsenudeln nach Packungsangabe zubereiten.
Rezept Gemüse Seite 114,
Rezept Röhrlinge Seite 117.

Blumen im Bauerngarten

Kartoffeln

Kartoffeln sind Basenspender, sie enthalten viel Vitamin C.
Die Variationsmöglichkeiten der Kartoffelzubereitung
sind unerschöpflich.
Kartoffelarten werden unterschieden
in fest-, vorwiegend fest- und mehligkochende,
in den Farben gelb, weiß oder rot.

Rosmarinofenkartoffeln mit Zwiebeltofu und Gemüsebeilage

Grundrezept Rosmarinkartoffeln
Zutaten für 4 Personen:

- 4 mittelgroße Kartoffeln
- Rosmarin
- Sonnenblumenöl

Zwiebeltofu

- 150 g geräucherter Tofu
- 1-2 Esslöffel Sonnenblumenöl
- 2 Gemüsezwiebeln
- 2 Esslöffel Sojasoße*

Zubereitung:

Rosmarinofenkartoffeln (ca. 45 Minuten):
Kartoffeln mit Gemüsebürste putzen. Nicht schälen! Die Kartoffeln der Länge nach halbieren. Backblech mit Sonnenblumenöl einpinseln. Die Kartoffeln mit der Schnittfläche nach unten auf das Blech legen. Wasser in das Backblech geben, sodass die Kartoffeln ca. 1 cm eingetaucht sind. Bei 170° C backen. Nach ca. 35 Minuten die Kartoffeln mit der Schnittfläche nach oben wenden. Eine Prise Meersalz über die Kartoffeln streuen, etwas Sonnenblumenöl darüber träufeln, frischen Rosmarin nach Geschmack dazugeben. Nochmals für ca. 10 Minuten in den Backofen geben.

Zwiebeltofu (ca. 20 Minuten):
Öl in einer Pfanne erhitzen. Gemüsezwiebeln in Monde schneiden und goldgelb dünsten. Tofu in Würfel schneiden und über die Zwiebeln geben, mit Sojasoße ablöschen. Vorsichtig wenden und nach Geschmack Sojasahne dazugeben (nicht kochen).
Von der Kochstelle nehmen und noch ca. 10 Minuten ziehen lassen.

Rezept-Creationen

Süße Kartoffeltaler
Kinder- und Schonkost

Rezept Seite 109.

Taler mit Zimt und Zucker bestreuen.

POTAMOS Ofenkartoffeln
SÄURE-FASTEN®

Grundrezept, statt Rosmarin Oregano und klein gehackte Zwiebeln. Nach dem Drehen je zur Hälfte die Kartoffeln mit Oregano und Zwiebeln bestreuen, mit Olivenöl beträufeln. Bei mittlerer Hitze weitere 10-15 Minuten im Ofen garen.

Paprika-Curry-Kartoffeln
Gourmetkost

Grundrezept mit geschälten, geviertelten Kartoffeln. Kartoffelviertel nach dem Drehen mit Curry oder Paprikapulver bestreuen und mit Olivenöl beträufeln. Vor dem Servieren mit Salz würzen.

Kartoffelvariationen

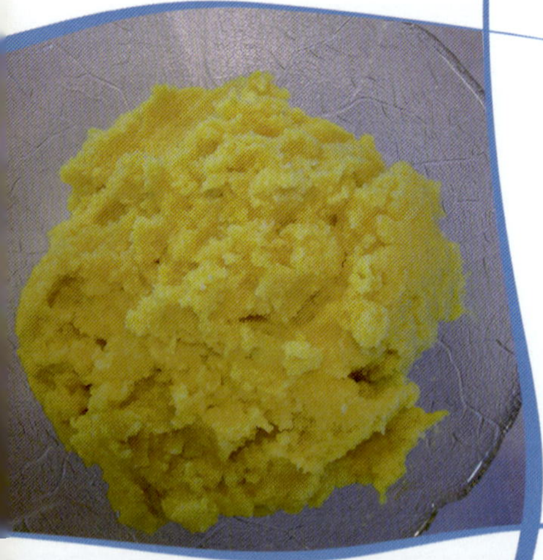

Grundrezept
Zutaten für 4 Personen:

- 8 mehligkochende Kartoffeln
- 1 Teelöffel Salz
- 3 Tassen Wasser

Kartoffelpüree

- Grundrezept
- 1 Tasse Reismilch
- 2 Esslöffel Ghee

Zubereitung:

Kartoffeln schälen, vierteln und in Wasser weich kochen. Kartoffeln zerdrücken, Reismilch und Ghee dazugeben, alles zu Püree vermengen.

Bunte Pürees (von links nach rechts):
Kurkumapüree mit Kurkuma
Kräuterpüree mit Kräutermischung
Paprikapüree mit Paprikapulver
Selleriepüree mit Selleriepulver

Statt Pulver kann auch frisches Gemüse mit den Kartoffeln gedünstet werden.

Rezept-Creationen

Salzkartoffeln
Kinder- und Schonkost

Grundrezept, Zubereitung 1.

Kartoffeltaler
SÄURE-FASTEN®

Grundrezept, 1 Ei, 2 Esslöffel Reismehl.
Taler in Olivenöl goldgelb ausbacken.

Kartoffel-Waldpilz-Pfanne
Gourmetkost

Salzkartoffeln.
In Walnussöl zusammen mit Zwiebeln, Waldpilzen, Paprika und Kräutern schonend braten.

Gemüse aller Art

Gemüse

Gemüse aller Art ist der Hauptbestandteil der basischen Küche.
Nach Saison und aus der Region, in der Sie leben,
der ideale Basenspender.
Optimal:
eine Sorte von unter der Erde
mit einer Sorte, die über der Erde wächst,
kombinieren.

Zucchini-Gemüsepotpourri

Grundrezept
Zutaten für 2 Personen:

- 1 Zucchini
- 1 Zwiebel
- 1 Knoblauch
- 1 Tomate
- 1 Teelöffel italienische Gewürzmischung
- 1-2 Teelöffel Olivenöl
- 1-2 Teelöffel Sojasoße
- 1-2 Esslöffel Sojasauerrahm

Zubereitung:

Zucchini teilen und aushöhlen.
Zwiebel klein schneiden und in Olivenöl anbraten.
Knoblauch dazugeben,
Tomate gewürfelt und ausgehöhltes Zucchinifleisch hinzufügen.
Sojasoße und italienische Gewürzmischung dazugeben.
Alle Zutaten ‚al dente' schmoren.
In die ausgehöhlte, leicht gesalzene Zucchini geben.
Aufs Backblech legen, etwas Wasser dazugeben und bei ca. 170° C 20 Minuten garen.
Vor dem Servieren mit Sojasauerrahm garnieren.

Rezept-Creationen

Bunte Gemüsepfanne

Kinder- und Schonkost

Diverse Gemüse in wenig Wasser dünsten, zum Schluss mit einer Prise Salz und etwas kaltgepresstem Öl abschmecken.

Bunter Basenteller im

SÄURE-FASTEN®

80 % Gemüse, Vergorenes, Salat
10 % Eiweiß, z. B. Hülsenfrüchte
10 % Kohlenhydrate, z. B. Getreide oder Kartoffeln

Chicoréepfanne

Gourmetkost

Chicorée waschen, in Längsstreifen schneiden. Öl in der Pfanne erhitzen, Chicorée dazugeben und 2-3 Minuten leicht dünsten. Den Saft von 2 Orangen dazugeben. Mit Pfeffer und Salz nach Geschmack würzen. 1 Orange in Stücken auf dem Chicorée verteilen und weitere 3 Minuten garen lassen. Sofort servieren.

Paprika-Mais-Gemüse

Zutaten für 4 Personen:

- 3 Esslöffel Olivenöl
- 1 Gemüsezwiebel
- 1 Knoblauchzehe
- 1 rote Paprika
- 1 gelbe Paprika
- 1 grüne Paprika
- 2 Maiskolben, gekocht
- 1 Tasse Gemüsebrühe
- 1 Bund Kräuter

Zubereitung:

Gewürfelte Zwiebel in heißem Olivenöl goldgelb anbraten.
Knoblauch, gewürfelte Paprika und Mais dazugeben,
mit 1 Tasse Gemüsebrühe ablöschen und bei mittlerer Hitze
5 Minuten garen.
Vor dem Servieren mit 1 Prise Salz und Kräutern verfeinern.

Rezept-Creationen

Schwarzwurzeln
Kinder- und Schonkost

Wurzeln bürsten, Schale entfernen, in mundgerechte Stücke schneiden, sofort in einen Topf mit Wasser geben, dazu 1 Scheibe Zitrone. Schwarzwurzeln weich kochen, ca. 25 Minuten. Wasser abschütten (für eine Suppe verwenden). Das Gemüse mit 1 Prise Salz und 1 Esslöffel Olivenöl verfeinern.

Fenchel mit Kapern*
SÄURE-FASTEN®

Fenchel in Scheiben schneiden, in die Pfanne geben. Zusammen mit Kapern (Menge nach Geschmack) in wenig Wasser 10 Minuten dünsten. Mit 1 Prise Salz und 1 Esslöffel Olivenöl verfeinern.

Waldpilzpfanne
Gourmetkost

Eine kleine Gemüsezwiebel würfeln, in 2 Esslöffeln Sonnenblumenöl goldgelb andünsten. Die gesäuberten, zerkleinerten Pilze dazugeben, feingehackte frische Petersilie darüber geben. Mit einer Prise Salz und Pfeffer verfeinern. Das Ganze sanft vermischen. Ohne Hitze ca. 3 Minuten ruhen lassen.

Asiagemüse auf Basmatireis

Zutaten für 4 Personen:

- 1 Zwiebel
- 1 Teelöffel Curry
- 1 Stück Ingwer
- 1 Tasse Sojasprossen
- 1 Tasse Bambusstreifen
- 2 Karotten
- ½ Lauch
- 1 Tasse Brokkoli
- 1 Tasse Spitzkohl
- 1 Tasse Erbsen
- 250g Basmatireis
- 2 Esslöffel Sojasoße
- 2 Tassen Gemüsebrühe
- 1 Teelöffel Kuzu*

Zubereitung:

Gemüse waschen und klein schneiden.
Öl in den Wok geben, die feingehackte Zwiebel mit Curry glasig dünsten.
Feingehackten Ingwer dazugeben.
Das klein geschnittene Gemüse in den Topf geben, mit der Sojasoße und der Gemüsebrühe ablöschen.
Das Gemüse 2-5 Minuten köcheln lassen.
Anschließend Sojasprossen, Bambusstreifen und Erbsen unterheben.
Mit Kuzu binden.
Das Gemüse noch 5 Minuten ruhen lassen und mit Basmatireis (Rezept Seite 124) servieren.

Rezept-Creationen

Buntes Spargelgemüse

Kinder- und Schonkost

Zutaten für 4 Personen:

3 Esslöffel Sonnenblumenöl, 1 Zwiebel, 500 g Spargel, 1 Lauch, 1 Karotte, 3 Tassen Gemüsebrühe, 1 Teelöffel Kuzu*.

Zwiebel in Öl andünsten, kleingeschnittenes Gemüse dazugeben, mit Gemüsebrühe ablöschen. Ca. 15 Minuten köcheln. Mit Kuzu binden.

Gebratene Röhrlinge*

SÄURE-FASTEN®

Pilze säubern, längs schneiden. In Sojasoße wenden und in heißem Öl bei geringer Temperatur 3-5 Minuten braten. Mit Kräutern verfeinern.

Pusztagemüse

Gourmetkost

Zutaten für 2 Personen:

3 Esslöffel Sonnenblumenöl, 2 Teelöffel Paprika, 1 Esslöffel Tomatenmark, 1 Zwiebel, 2 Knoblauchzehen, ½ Lauch, 1 Karotte, 1 rote Paprika, 2 Esslöffel Sojasoße, 1 Tasse Gemüsebrühe, 1 Tasse Speckwürfel.

Gemüse fein schneiden, Zwiebel und Paprika in Öl anbraten, Tomatenmark und Speck dazugeben. Nach 5 Minuten Knoblauch und Gemüse zugeben. Mit Gemüsebrühe ablöschen. Weitere 5 Minuten bei geringer Hitze ziehen lassen.

Gekörnte Gemüsebrühe* selbst herstellen

Zubereitung:

7 Sorten Gemüse klein schneiden, auf einem Backblech verteilen.
Bei 70° C ca. 7 Stunden trocknen. Abkühlen lassen und fein mahlen.
Nach Geschmack mit in der Pfanne getrocknetem Salz würzen.
In Schraubgläser abfüllen.

Rezept-Creationen

Gurken-Dill-Gemüse
Kinder- und Schonkost

Für 2 Personen
2 Schmorgurken, 1 Tomate klein scheiden. In 2 Tassen Gemüsebrühe 5 Minuten köcheln. Mit 1 Teelöffel Kuzu* binden, mit 1 Esslöffel Sonnenblumenöl und Dill verfeinern.

Kürbis mit Sauerkraut
SÄURE-FASTEN®

Zutaten 2 Personen:
2 Esslöffel Sonnenblumenöl, 1 Zwiebel, ½ Hokkaido, 2 Esslöffel Sojasoße, 1 Tasse Gemüsebrühe, 100 g Sauerkraut.
Zwiebel in Öl goldgelb anbraten, den gewürfelten Kürbis dazugeben, mit Sojasoße und Gemüsebrühe ablöschen. 20 Minuten dünsten. Sauerkraut über den Kürbis verteilen und 3 Minuten ziehen lassen.

Zucchini gebraten
Gourmetkost

Zucchini in Scheiben schneiden, in Sojasoße und Reismehl wenden und in heißem Fett beidseitig anbraten.

Curry-Sauerkraut auf roten Linsen mit Kümmelkartoffeln

Grundrezept
Zutaten für 4 Personen:

- 3 Esslöffel Sonnenblumenöl
- 2 Zwiebeln
- 2 Teelöffel Curry
- 6 Tassen Sauerkraut vom Fass
- 2 Kartoffeln
- 3 Tassen Gemüsebrühe
- 10 Wacholderbeeren,
- ½ Teelöffel Kümmel
- nach Geschmack Meersalz oder Miso*

Zubereitung:

Zwiebeln fein schneiden, mit dem Curry in Öl andünsten.
Sauerkraut und 2 geriebene Kartoffeln zugeben und mit der Gemüsebrühe ablöschen.
Wacholderbeeren und Kümmel dazugeben, das Kraut bei schwacher Hitze ca. 45 Minuten köcheln lassen.

Tipp:

Lassen Sie eine Tasse rohes Sauerkraut übrig, welches Sie erst nach dem Garen dazugeben. Dadurch erreichen Sie einen frischen, knackigen Geschmack und erhalten die kostbaren Milchsäurebakterien, die leider beim Kochen zerstört werden.

Rezept-Creationen

Sauerkraut mit Spätzle
Kinder- und Schonkost

Grundrezept mit Spätzle (Grundrezept Seite 218) vermengen und mit 1 Esslöffel Ghee* verfeinern.

Sauerkraut-Rouladen
SÄURE-FASTEN®

Grundrezept = Füllung,
Grundrezept Pfannkuchen Seite 146.
Jeden Pfannkuchen mit Linsenaufstrich (Rezept Seite 87) bestreichen und mit 1 Esslöffel Sauerkraut belegen, Pfannkuchen rollen.

Sauerkraut „Tropical“
Gourmetkost

Sauerkraut nach Grundrezept kochen.
½ Ananas, 1 Papaya und 1 Mango in Würfel schneiden und zum Sauerkraut geben.
Nochmals 5 Minuten ziehen lassen.

Dazu passt Fasan oder Entenbrust.

Leinfeld

Leichte Getreide

Hirse, Reis, Quinoa, Amaranth, Buchweizen, Teff* und Mais
sind glutenfrei. Sie lassen sich gut mit Sesam und
Leinsamen kombinieren.
Glutenfreie Getreide sind bekömmlich bei einem gestörten Stoffwechsel
und Grundlage der Kinder- und Schonkost.
Leichte Getreide heben den Geschmack bei der Gourmet-Kost
(siehe auch „Morgenmüslis“).

Reis mit Wokgemüse

Grundrezept Reis
Zutaten für 2 Personen:

- 1 Tasse Basmatireis
- 2 Tassen Wasser
- 1 Teelöffel Ghee
- 1 Teelöffel Salz
- 2 Tassen Wasser

Wokgemüse
- 250 g Putenbrust oder Tofu
- 1 Zwiebel
- 1 Kartoffel
- 2 Knoblauchzehen
- 1 Stange Lauch
- 1 große Karotte
- 1 Tasse Erbsen
- ½ roter Paprika
- ½ Tasse Bambusstreifen
- Sojasoße (Shoyu)*
- Sonnenblumenöl
- Kuzu*

Zubereitung:

Den Reis mit Wasser in einen Topf geben und aufkochen. Bei schwacher Hitze köcheln, bis das Wasser verdunstet ist. Den Topf von der Herdplatte nehmen, Ghee und Salz unterrühren und den Reis noch ca. 10 Minuten mit geschlossenem Deckel stehen lassen (harmonisierende Ruhezeit).
In der Zwischenzeit das Gemüse putzen und in Längsscheiben schneiden. Die Zwiebel in Wok oder Pfanne in Sonnenblumenöl anbraten, Putenstreifen/Tofu zugeben, mit Salz und Pfeffer würzen. Das frisch gewaschene Gemüse zugeben, erhitzen und mehrmals wenden. Zuletzt Erbsen, Bambusstreifen und Knoblauch zugeben. Mit Sojasoße und etwas Wasser ablöschen, mit Kuzu binden.

Rezept-Creationen

Quinoamus
Kinder- und Schonkost

Grundrezept mit Quinoa*.
Nach Geschmack gedünstete Kürbisstückchen als Beilage.

Polentasterne
SÄURE-FASTEN®

Grundrezept mit Polentagrieß*. Garzeit je nach Polentagrießart 5-20 Minuten. Polenta auf ein Backblech streichen, erkalten lassen und Sterne ausstechen. Sterne in heißem Öl kurz anwärmen.

Kurkumahirse mit Steinbeißerroulade
Gourmetkost

Grundrezept mit Hirse, ½ Teelöffel Kurkuma, 1 Teelöffel Instant-Gemüsebrühe, 1 Teelöffel Ghee.
Rezept Steinbeißerroulade Seite 192.

Buchweizen „Tiroler Art“

Grundrezept Buchweizen
Zutaten für 2 Personen:

- 1 Tasse Buchweizen
- 3 Tassen Wasser
- 1 Teelöffel Gemüsebrühe
- 1 Prise Salz

Buchweizen „Tiroler Art“

- 2 kleine Zwiebeln
- 100 g geräucherter Schinken oder Räuchertofu
- 1 Bund Petersilie
- Nüsse nach Geschmack

Zubereitung:

Buchweizen waschen, mit 1 gewürfelten Zwiebel glasig dünsten.
Mit 3-4 Tassen warmer Gemüsebrühe ablöschen.
30-35 Minuten quellen lassen.

In der Zwischenzeit eine Zwiebel in wenig Öl andünsten, den gewürfelten Schinken dazugeben.
Den angebratenen Schinken unter den fertig gegarten Buchweizen heben.
Eventuell mit Pfeffer und Salz abschmecken.
Mit Petersilie und Nüssen garnieren.

Rezept-Creationen

Kokosreis
Kinder- und Schonkost

Grundrezept mit Vollkornreis, Kokosmilch statt Wasser.

Risotto
SÄURE-FASTEN®

Grundrezept mit Risottoreis,
1 Tasse Wasser weniger,
Pilze oder Gemüse statt Speck.

Polenta italienisch
Gourmetkost

Grundrezept mit Polenta.
Wichtig: Polenta ständig rühren!
In der Zwischenzeit 1 Zweig frischen Rosmarin, 2 Knoblauchzehen in 2 Esslöffeln Olivenöl schonend erhitzen.
Anschließend das Öl unter die gegarte Polenta mengen.
Eventuell mit Meersalz abschmecken.

Früchtebouquet

Sommerliche Nachspeisen

„Nach-Speisen“ im wörtlichen Sinne.
Ich empfehle, den Nachtisch
2-3 Stunden nach der Mittagsmahlzeit einzunehmen.
Somit ersetzen Sie den Kuchen am Nachmittag mit leichtem Süßem.

Erdbeersorbet

Grundrezept
Zutaten für 4 Personen:

- 4 große Tassen frische Erdbeeren
- 1 Tasse Erdbeer- oder dunkler Obstsaft
- 3-4 Esslöffel Agavendicksaft (je nach Süße)
- Sojaschlagsahne zum Garnieren

Nur für Erwachsene:

- 1-2 Esslöffel Erdbeerlikör oder Erdbeerschnaps

Zubereitung:

Die Erdbeeren waschen, vierteln und mindestens 3-5 Stunden im Gefrierfach einfrosten.
Leicht antauen, mit den übrigen Zutaten im Mixer fein pürieren, und sofort servieren.

Tipp:

Die Konsistenz kann mit veganem Sauer- oder Süßrahm verfeinert werden.
Sollte das Sorbet zu dünn werden, nochmals ins Gefrierfach stellen.
Mit frischen Kräutern wie Minze garnieren.

Rezept-Creationen

Süße Früchtchen
Kinder- und Schonkost

Reife Früchte im Mixer zerkleinern, bei Bedarf mit Sirup versüßen. In kleine Förmchen oder Tassen füllen und einfrieren, dabei mit einer Gabel ab und an umrühren, bis das Sorbet gleichmäßig gefroren ist.

Geeiste Kokoscreme
SÄURE-FASTEN®

2 Tassen gekochten Basmatireis, 400 ml Bio-Kokoscreme, 4 Esslöffel Agavendicksaft* im Mixer cremig rühren. Masse in Förmchen geben und über Nacht einfrieren. Fruchtsoße dazu servieren

Sorbets mit Schwips
Gourmetkost

Grundrezept mit diversen Früchten.
1-2 Esslöffel Brand beim Mixen zugeben,
z. B. Mango, Ananas → Grand Marnier,
Himbeere → Himbeergeist,
Birne → Williams-Christ-Brand,
Pflaume → Zwetschgenwasser.
Sofort servieren.

Apfelernte

Fruchtig-leichte Nachspeisen

Fruchtig-leichte Nachspeisen eignen sich gut für Allergiker,
da gekochtes Obst meist besser verstoffwechselt wird.
Sie sind gut geeignet als Zwischenmahlzeiten.
Für die Kinder- und Schonkost bieten sie
eine abwechslungsreiche Erfrischung.

Kuzu-Obstsalat

Grundrezept
Zutaten für 2 Personen:

- 1 Birne
- 1 Pfirsich
- 1 Papaya
- 1 Prise Salz
- 1 Teelöffel Kuzu*
- 1 Tasse kaltes Wasser

Zubereitung:

Die Früchte schälen, mit wenig Wasser in eine Pfanne geben.
Eventuell einen Hauch Anis oder Fenchel dazugeben.
Eine kleine Prise Salz.
Kurz bei geschlossenem Deckel aufkochen.
Kuzu mit Wasser verrühren und unterheben.
Kurz aufkochen, den Topf von der Herdplatte nehmen und ca. 15 Minuten ruhen lassen.

Rezept-Creationen

Pfirsich-Mango-Kompott
Kinder- und Schonkost

Grundrezept mit frischen geschälten Pfirsichen und Mango.
Früchte in Scheiben schneiden.
Mandelblättchen zum Garnieren.

Rote Grütze
SÄURE-FASTEN®

Grundrezept mit roten Früchten des Sommers, 1 Esslöffel Sago* statt Kuzu. Mit einem Schneebesen die Masse ständig schlagen, bis sie sämig ist.
Eventuell mit 1 Kugel weißer Mousse (Rezept Seite 143) servieren.

„Omas beschwipste Birne"
Gourmetkost

Trockenbirnen über Nacht in einem Rum-Wasser-Sud ziehen lassen.
Grundrezept mit diesen eingeweichten Birnen.

Frau Holle hat ihre Kissen ausgeschüttelt ...

Winterliche Nachspeisen

Puddings sind gehaltvoll und können eine komplette Mahlzeit ersetzen.
Mein Tipp aus der Resteküche:
Nehmen Sie gekochte Getreidereste,
beispielsweise auch von Morgenmüslis,
und Sie haben eine wohlschmeckende Grundlage für Ihre Puddings.

Schokopudding

Grundrezept
Zutaten für 4 Personen:

- 3 Tassen gekochter Basmatireis
- 1 Tasse gekochter Sago*
- 5 Tassen Kokosmilch
- 2 gehäufte Teelöffel Naturkakao
- Süßmittel nach Wahl, z. B. neutraler Honig oder Agavendicksaft*

Zubereitung:

Alle Zutaten gemeinsam in der Küchenmaschine fein mixen.

Tipp:

Zuerst die Milch eingeben.
Mit Süßungsmittel abschmecken und verzieren.

Rezept-Creationen

Vanillepudding
Kinder- und Schonkost

Grundrezept, Reismilch statt Kokosmilch. Nach Geschmack Vanille statt Kakao zugeben.

Nusspudding
SÄURE-FASTEN®

Grundrezept, Mandel- und Sojamilch statt Kokosmilch, gemahlene Nüsse oder Erdmandelnüssli* statt Naturkakao.

Ananaspudding mit Schwips
Gourmetkost

Grundrezept, 4 Scheiben frische Ananas (gewürfelt), Soja-Reis-Milch statt Kokosmilch.
Die Masse nach Geschmack und Konsistenz mit Grand Marnier verfeinern.

Yuccablüte

Festliche Nachspeisen

Meine festlichen Nachspeisen enthalten Alkohol.
Für Kinder muss die Rezeptur ohne Alkohol zubereitet werden.
Tipp: Die Cremes sind auch als Torten- und Kuchenbeläge geeignet.

Nougatmousse

Grundrezept
Zutaten für 6-8 Personen:

- 500 ml Sojaschlagsahne oder:
  250 ml Sojaschlagsahne und
  250 ml Sprüh-Sojaschlagsahne
- 125 g milchfreies Nougat
- 1 Teelöffel Reismehl
- 3 Teelöffel Amaretto

Zubereitung:

250 ml Sojaschlagsahne, Nougat, Reismehl und Amaretto in einen Topf geben. Unter ständigem Rühren schonend erwärmen, bis das Nougat geschmolzen ist.

250 ml Sojaschlagsahne mit dem Rührgerät schaumig schlagen oder Sojaschlagsahne fertig aus der Sprühdose verwenden.

Die geschlagene Sojasahne vorsichtig unter die geschmolzene Nougatcreme heben.
Die Masse einige Stunden kalt stellen.
Portionsweise auf Teller geben und mit Mandelblättchen bestreuen.

Tipp:

An heißen Tagen geeist servieren. Eine Stunde im Gefrierfach frosten.

Rezept-Creationen Gourmet

Weiße Mousse mit Mandelgarnitur

Grundrezept, nicht erhitzen!
Marzipan statt Nougat, Grand Marnier statt Amaretto.
Alle Zutaten im Mixer fein pürieren und einige Stunden kühl stellen.

Pistazienmousse mit Pistazien-Mango-Garnitur

Grundrezept, nicht erhitzen!
Marzipan statt Nougat. Grand Marnier statt Amaretto.
Zusätzlich:
1 Tasse gekochter Basmatireis,
50 g fein gehackte Pistazien.
Alle Zutaten im Mixer fein pürieren und einige Stunden kühl stellen.

Schoko-Amaretto-Mousse mit Mangogarnitur

Grundrezept, 80-prozentige Zartbitterschokolade statt Nougat.
3 Esslöffel Amaretto nach dem Schmelzen zur Schokosahne geben.

Hühner im Obstgarten

Mehlspeisen

Diese Variationen sind
aus traditionellen bäuerlichen Rezepten weiterentwickelt.
Lassen Sie Ihrer Creativität freien Lauf!

Pfannkuchen

Grundrezept
Zutaten für 4 Personen:

- 1 Tasse Buchweizenmehl
- 2 Tassen Reismehl
- 4-5 Tassen Reismilch
- 1 Ei
- ½ Päckchen Weinsteinbackpulver
- 1 Prise Salz

Zubereitung:

Alle Zutaten (zimmerwarm) mit einem Schneebesen zu einem geschmeidigen Teig verrühren. 10 Minuten ruhen lassen. Pfannkuchen mit etwas Sonnenblumenöl in der Pfanne ausbacken.

Rezept-Creationen

Waffeln
Kinder- und Schonkost

Grundrezept, Puderzucker, Marmelade oder Kompott.

Pfannkuchen mit scharfer Bohnenfüllung
SÄURE-FASTEN®

Grundrezept, Bohnenfüllung (Rezept Seite 99).

Gefüllte Pfannkuchen mit Quittencreme
Gourmetkost

Grundrezept.
Creme: 2 Tassen Quittenmousse mit 2 Esslöffeln Quittenlikör verrühren. Creme auf Pfannkuchen verteilen und diese zusammenrollen.

Dampfnudeln

Grundrezept Hefeteig
Zutaten für 4 Personen:

- 250 g Buchweizenmehl
- 200 g Reismehl
- 50 g Johannisbrotkernmehl*
- 1 Würfel frische Hefe
- ¼ l Soja-Reis-Milch
- 80 g Ghee*
- 1 Ei
- 1 Teelöffel Zucker

Zum Ausbacken:

- 80 g Kokosfett
- 1 Prise Salz
- 1 große Tasse heißes Wasser

Zubereitung:

Die Zutaten für den Hefeteig gut vorwärmen, um das Aufgehen des Teiges zu unterstützen.
Das Mehl in eine Schüssel geben, in die Mitte eine Vertiefung drücken, die zerbröckelte Hefe und den Zucker hineingeben, mit etwas lauwarmer Soja-Reis-Milch übergießen und etwas verrühren.
20-30 Minuten zugedeckt an einem warmen Ort gehen lassen.
Danach die restlichen Zutaten hinzufügen und kräftig durcharbeiten, nochmals 20-30 Minuten gehen lassen.
Kleine Kugeln formen, auf einen mit Mehl bestäubten Teller legen und zudecken. Nochmals gehen lassen.
Das Fett in einer Pfanne zergehen lassen, Salz und heißes Wasser vorsichtig!!! und langsam hinzufügen. Das Wasser sollte ungefähr 2 cm hoch in der Pfanne stehen. Die Hefekugeln in die Pfanne geben, Deckel auflegen und bei mittlerer Hitze 25-30 Minuten ziehen lassen. Dabei den Deckel nicht öffnen!

Tipp:
Dazu schmeckt Kartoffelsuppe (Rezept Seite 73).

Rezept-Creationen

Bayerische Dampfnudeln mit Vanillesoße

Kinder- und Schonkost

Grundrezept.
Vanillesoße: Rezept „Vanillepudding“ (Rezept Seite 139) mit doppelter Menge Reismilch.

Dampfnudeln mit Aprikosenfüllung

SÄURE-FASTEN®

Grundrezept.
Aprikosenkonfitüre in die gebackene Dampfnudel einspritzen, mit Zimt und Zucker bestreuen.

Armagnac-Dampfnudel mit raffinierter Vanillesoße

Gourmetkost

Grundrezept, aber vor dem Garen jede Dampfnudel mit einer Armagnacpflaume füllen.
Vanillesoße (Rezept Seite 139) mit Armagnac und etwas Marzipan verfeinern.

Lavendel

Herzhaftes backen

Ob Kinderparty oder gemütliche Weinrunde,
herzhafte Blechkuchen sind immer willkommen.

Gemüsepizza

Grundrezept
Zutaten für 4-6 Personen:

Hefeteig: Rezept Seite 148

Belag:
- Tomatensoße (Rezept Rigatoni Seite 103)
- Verschiedene Gemüse nach Jahreszeit und Geschmack
- Italienische Kräuter
- Salz, Pfeffer
- 2-3 Esslöffel Olivenöl

Zubereitung:

Das Backblech fetten und den Teig mit feuchten Händen darauf zu einem dünnen Boden glattdrücken.
Nochmals 20 Minuten ruhen lassen.

Die Tomatensoße auf den Teig streichen, Gemüse, Kräuter darauf verteilen, mit Salz und Pfeffer würzen, Öl darüber träufeln.
Bei 180° C ca. 30 Minuten backen.

Rezept-Creationen

Schwäbischer Kartoffelkuchen

Kinder- und Schonkost

Grundrezept Teig.
Belag: Mit Kartoffelpüree (Rezept Seite 108) bestreichen. Darüber 5-10 Teelöffel Ghee* geben, mit Zimt bestreuen.

Schwäbischer Zwiebelkuchen

SÄURE-FASTEN®

Grundrezept Teig.
Mit Kartoffelpüree (Rezept Seite 108) bestreichen.
4 große Gemüsezwiebeln fein gehackt in Sonnenblumenöl glasig dünsten, mit Salz, Pfeffer und Muskat abschmecken, auf dem Püree verteilen. Mit Sonnenblumenöl beträufeln.

Markgräfler Quiche

Gourmetkost

Grundrezept Teig.
2 Zwiebeln, 150 g Speckwürfel, 100 g Maronen in 2 Esslöffeln Sonnenblumenöl dünsten. Auf dem Teig verteilen, mit Salz, Pfeffer und Kümmel würzen.

Walnuss-Rosinen-Brot

Brot backen

Das tägliche Brot sollte in Maßen genossen werden.
Zu Großmutters Zeit, wie auch heute noch in vielen Ländern,
hatte das Brot den Sinn, Soßenreste auf dem Teller aufzusaugen.
Wir essen Brot heute zu frisch, zu viel, zu oft und
fast ausschließlich aus glutenhaltigen Mehlen zubereitet.
Brot sollte, damit es bekömmlich ist,
mindestens 3 Tage lagern, bevor wir es essen.

Glutenfreies Mischbrot

Grundrezept
Zutaten:

- 500 g Reis, fein gemahlen
- 300 g Hirse, fein gemahlen
- 150 g Buchweizen, fein gemahlen
- 50 g Sago, fein gemahlen
- 1 Würfel frische Hefe
- 2 Kartoffeln, gekocht
- ½ Päckchen Weinsteinbackpulver
- 2 Teelöffel Salz
- 1 Teelöffel Brotgewürz*, gemahlen
- 500-700 ml lauwarmes Wasser

Zubereitung:
Die Mehlmischung in eine Schüssel geben, in die Mitte eine Vertiefung drücken. Die zerbröckelte Hefe zugeben und mit etwas lauwarmem Wasser übergießen.
20-30 Minuten zugedeckt an einem warmen Ort stehen lassen.
Die Kartoffeln durch eine Presse drücken, mit den restlichen Zutaten und dem restlichen Wasser unter ständigem Kneten zum Teig geben.
Den Teig mit den Händen kneten, bis er geschmeidig ist. Bedenken Sie: Glutenfreier Teig wird sich immer klebrig anfühlen.
Die Masse nochmals 1-2 Stunden an einem warmen Ort ruhen lassen.
Nochmals durchkneten und wieder 1-2 Stunden ruhen lassen.
Eine Kastenform mit pflanzlichem Öl einfetten, mit Reismehl oder Sesam einpudern. Den Teig einfüllen, glatt streichen, gehen lassen, bis sich die Teigmenge in etwa verdoppelt hat.
Im vorgeheizten Backofen bei 200-220° C ca. 60 Minuten backen. Das Brot mit Backpapier bedecken und nochmals bei 120° C 60 Minuten nachbacken.

Tipp:
Das Brot gelingt besonders gut, wenn es nach dem Mondkalender an einem Lufttag (Zwillinge, Waage, Wassermann) gebacken wird.

Rezept-Creationen

Anis-Fenchel-Brot

Kinder- und Schonkost

Grundrezept, 2 Teelöffel Anis-Fenchel-Mischung (nach Geschmack gemahlen oder als ganze Samen) statt Brotgewürz.

POTAMOS Brot

SÄURE-FASTEN®

Grundrezept mit 3 Tassen gekochtem Rundkornreis statt Kartoffeln, 2 Teelöffeln Miso* statt Salz.

Walnuss-Rosinen-Brot

Gourmetkost

Grundrezept, 150 g gehackte Walnüsse, 100 g Rosinen.
2 Esslöffel Olivenöl statt Kartoffeln.

Birnenquitten

Außergewöhnliches

„POTAMOS Topfkuchen“ schmecken am besten warm.
Sie sind deshalb ideal bei Überraschungsbesuch oder
spontanem Appetit auf etwas Gebackenes.
Die Variationen der Füllungen sind unendlich.

Kennen Sie schwäbische Fasnetsküchle?
Sie schmecken gut und sind einfach zuzubereiten.
Ob natur zu Salat, ob gesüßt zu Kompott oder
als gefüllte Leckerei
(z. B. mit Marmelade, Vanille- oder Schokocreme).

Kirschen-Topfkuchen

Grundrezept
Zutaten für 4-6 Personen:

- Pfannkuchenteig: Rezept Seite 146
- 500 g Süßkirschen, entsteint
- Zimtzucker

Zubereitung:

Kirschen unter den Teig mengen.
Wenig Kokosfett oder Öl in beschichteter Pfanne erhitzen, Teig einfüllen, Deckel auflegen und bei kleinster Hitze ca. 20 Minuten ziehen lassen. Es darf kein flüssiger Teig mehr zu sehen sein.
Den Kuchen auf einen Teller (größer als die Pfanne) stürzen. Die Pfanne zurück auf den Herd stellen.
Den Kuchen vom Teller zurück in die Pfanne gleiten lassen.
Bei kleinster Hitze 10-15 Minuten ziehen lassen, Garprobe mit Holzstab machen.
Den Kuchen auf einen Teller geben, mit Zimtzucker bestreuen.

Rezept-Creationen

Apfel-Topfkuchen
Kinder-Kost

Grundrezept, 1 klein geschnittener Apfel statt Kirschen, Mandelplättchen statt Zimtzucker.

Quitten-Topfkuchen
SÄURE-FASTEN®

Grundrezept, 1 klein geschnittene, gedämpfte Quitte statt Kirschen, Kokosflocken statt Zimtzucker.

Markgräfler Topfkuchen
Gourmetkost

Grundrezept Pfannkuchenteig (Rezept Seite 146).
2 Zwiebeln, 150 g Speckwürfel, 100 g Maronen in 2 Esslöffeln Sonnenblumenöl dünsten. Mit Salz, Pfeffer und Kümmel würzen.
Die Masse unter den Teig heben.

Fasnetsküchle

Grundrezept
Zutaten für 4-6 Personen:

- 250 g Reismehl
- 250 g Buchweizenmehl
- 20 g Hefe
- ¼ l lauwarme Reismilch
- 60 g ausgelassene Butter oder Alsan*
- 50 g Rohrohrzucker
- 1 Prise Salz
- 2 Eier

Zubereitung:

Aus allen Zutaten einen glatten Teig kneten. Mit einem Tuch zugedeckt gehen lassen.

1. Teig auf bemehlter Fläche fingerdick auswellen und in 5 cm breite Streifen rädeln.

2. Streifen diagonal zu Rauten rädeln.

3. Fasnetsküchle gehen lassen, dabei Durchzug in der Küche vermeiden!

4. Öl oder Kokosfett in Pfanne erhitzen. Zeigt der Test mit Holzstab Luftbläschen, ist die Hitze richtig.

5. Küchle beidseitig goldgelb ausbacken, dabei nicht zu viele gleichzeitig in die Pfanne geben!

6. Küchle auf vorbereitetes Küchenkrepp geben und Fett aufsaugen lassen.

7. Nach Geschmack Zucker und Zimt mischen, die noch warmen Küchle darin wenden.

8. Guten Appetit!

Festtisch in der Natur

Torten für festliche Anlässe

Festliche Torten benötigen Muße, Zeit und Kreativität,
dann kann nichts schief gehen.
Torten schmecken am besten,
wenn sie einen Tag an einem kühlen Ort geruht haben.

Schwarzwälder Kirschtorte gluten- und milcheiweißfrei

Zutaten

Boden:

- 200 g milch- u. glutenfreie Margarine
- 200 g Zucker
- 2 Päckchen Vanillezucker
- 8 Eier (getrennt)
- 140 g geschälte, geriebene Mandeln
- 100 g zartbittere Schokostreusel (milch- und glutenfrei)
- 100 g Reismehl
- 100 g Maisstärke
- 1 Päckchen Weinsteinbackpulver
- Milch- und glutenfreie Margarine für die Form

Füllung:

- 9 Esslöffel Kirschwasser
- ½ l Sojaschlagsahne, gesüßt
- 750 g Sauerkirschen aus dem Glas
- 40 g Maisstärke und 250 ml Kirschsaft für den Guß
- 9 Esslöffel Kirschmarmelade

Verzierung:

- ca. 100 g Schokoladenstreusel, milchfrei
- 12-16 Kirschen

Zubereitung:

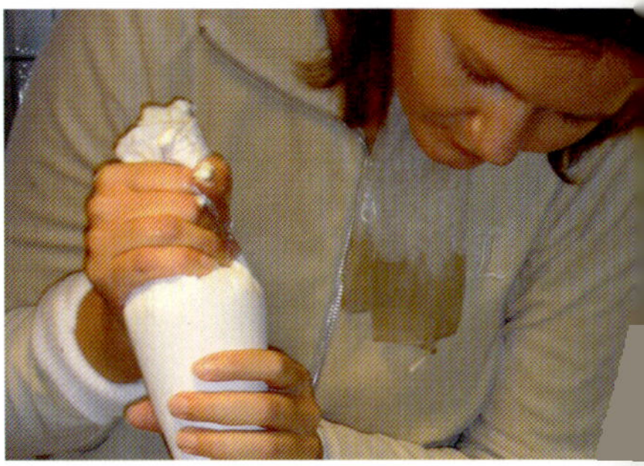

Eine Springform (26 cm Durchmesser) mit Margarine einfetten.
Margarine mit Zucker und Vanillezucker schaumig rühren, nach und nach die Eigelbe zufügen. Dann die Mandeln und die Schokolade, danach den steifgeschlagenen Eischnee unterheben.
Mehl mit Maisstärke und Backpulver vermischen und unterziehen.
Den Teig in die gefettete Springform füllen und auf der zweiten Schiebeleiste im vorgeheizten Backofen bei 180° C Umluft 30-40 Minuten backen. Den Kuchen abkühlen lassen und nach einer Ruhezeit von mindestens 2 Stunden 2 x waagrecht durchschneiden.
Die Kirschen abtropfen lassen und den Kirschsaft auffangen. Den Kirschsaft mit der Maisstärke kurz aufkochen und erkalten lassen. Die Sahne steif schlagen.

Den unteren Boden mit Kirschwasser beträufeln, Kirschen darauf verteilen, mit eingedicktem Kirschsaft bedecken und abkühlen lassen.
Danach mit einer Schicht Sahne bedecken.
Mittleren Boden aufsetzen, mit Kirschwasser beträufeln und mit Kirschmarmelade bestreichen, mit einer Schicht Sahne bedecken.
Den oberen Boden mit Kirschsaft beträufeln und aufsetzen.
Mit dem Rest der Sahne die ganze Torte bestreichen, 12 oder 16 Rosetten auf die Torte spritzen und jede mit einer gut abgetropften Kirsche verzieren. Die Torte mit den Schokostreuseln am Rand und oben in der Mitte bestreuen.

Biskuitobsttorte à la Rosenfeldt

Zutaten

Boden:

- 4-5 Eier
- 130 g zähflüssigen Honig
- 1 Teelöffel Backpulver

Mehlmischung:

- 100 g Reismehl
- 50 g Buchweizenmehl
- 40 g Hirsemehl
- 10 g Sago* feingemahlen (alternativ 200 g Dinkelmehl, nicht glutenfrei)

Füllung und Belag:

- 5 Esslöffel Marmelade
- 3 Äpfel oder anderes Obst, gedünstet
- 2 Esslöffel Kuzu*
- 1 Tasse Apfelsaft
- 1-2 Esslöffel Agavendicksaft*
- 1 Teelöffel Zimt
- ½ l Sojaschlagsahne
- 200 g Mandelblättchen
- 16 Nüsse

Zubereitung:

Eier trennen, Eigelb in eine Tasse geben. Eiweiß mit einer Prise Salz zu Schnee schlagen, den Honig langsam unterrühren. In die cremige Masse nach und nach die Eigelbe einrühren.
Mehl mit Backpulver mischen, löffelweise mit dem *Schneebesen* vorsichtig unter die Eiweißmasse heben.
Den Boden einer Springform mit Butterbrotpapier auslegen, Boden und Rand mit mit Ghee einfetten. Teig einfüllen.
Im vorgeheiztem Ofen bei 160-170° C (Umluft 150° C) ca. 20 Minuten backen.
Ring abnehmen, abkühlen lassen, erst dann auf einen Rost stürzen.
Den Boden in der Mitte quer durchschneiden und mit der Marmelade bestreichen.
Oberteil wieder aufsetzen.

Äpfel schälen, hobeln und in wenig Wasser dünsten, Kuzu mit Apfelsaft anrühren, mit Zimt verfeinern und aufkochen.
Die gedünsteten Äpfel dazugeben.
Die Kuzu-Obst-Masse auf dem Kuchen verteilen.
Den abgekühlten Kuchen garnieren.
Den Rand mit geschlagener Sojasahne bestreichen und mit Mandelblättchen verzieren. 16 Sahne-Rosetten auf den Kuchen spritzen, mit Nüssen verzieren.

POTAMOS Ananas-Kokos-Torte

Zutaten

Boden:

- 2 Tassen fein gemahlene Mandeln
- 1 Tasse Reismehl
- 100 g Kokosfett*
  oder kalte ausgelassene Butter
- ½ Tasse Wasser
- 2-3 Esslöffel Agavendicksaft*
- 1 Teelöffel Guarkern*- oder Pfeilwurzmehl*
- 1 Prise Salz
- 1 gestrichener Teelöffel Zimt

Belag:

- 2 Tassen gekochter Reis
- 1 Tasse Kokosmilch
- 2 Esslöffel Agavendicksaft
- 1 gewürfelte Ananas
- 2 Teelöffel Kuzu*
- 50 ml kaltes Wasser
- Grand Marnier nach Geschmack
- Marzipanrohmasse, Kokosstreusel

Zubereitung:

Alle Zutaten für den Teig mischen und gut durchkneten, bis sich die Masse leicht vom Rand löst.
Eine Kugel formen und 20 Minuten kalt stellen.
Teig in eine gefettete Kuchenform von 25 cm Durchmesser drücken. Im vorgeheizten Backofen bei 160-180° C 10-15 Minuten goldgelb backen.
In der Zwischenzeit Reis, Kokosmilch und Agavendicksaft im Mixer 1-2 Minuten mischen und etwas ruhen lassen.

Ananas mit einer Prise Salz in einen Topf geben, auf mittlerer Stufe erhitzen.
Kuzu in Wasser auflösen, zur Ananas geben und aufkochen. Eventuell mit Grand Marnier verfeinern.
Topf vom Herd nehmen und ca. 10 Minuten durchziehen lassen.
Den ausgekühlten Boden mit der Kokosmasse bestreichen, mit den abgekühlten Ananasstücken bedecken.
Mit Marzipan und Kokosstreuseln verzieren und über Nacht kalt stellen.

Tea-Time

Teegebäck

Milcheiweiß- und glutenfreies Teegebäck für jeden Anlass,
eine Spezialität des Hauses POTAMOS!

Dominosteine

Zutaten

Boden:
- 2 Eigelb
- 2 Eier
- 75 g Honig
- 75 g Zucker
- 1 Prise Salz
- 2 Teelöffel Lebkuchengewürz
- 150 g Reismehl
- 2 Teelöffel Weinsteinbackpulver*
- 75 g gemahlene Mandeln
- 50 g pflanzliche Butter, z. B. Alsan*

Füllung:
- 500 g Marzipan-Rohmasse
- 150 g Puderzucker
- 300 g Aprikosenmarmelade oder -gelee
- 3 Esslöffel Orangenlikör
- 400 g Zartbitterkuvertüre (milchfrei)

Zubereitung:

Eigelb, Eier, Honig, Zucker und Gewürze schaumig schlagen. Anschließend Reismehl mit Backpulver und Mandeln mischen und unter die Eimasse heben. Butter schmelzen und zufügen.
Biskuitmasse auf ein mit Backpapier ausgelegtes Backblech streichen, im vorgeheizten Backofen bei 190° C ca. 20 Minuten backen.
Auf einer Backunterlage erkalten lassen.
Marzipan und Puderzucker verkneten. Zu einem Rechteck in der Größe des Bodens ausrollen.
Marmelade und Likör erwärmen, den Boden damit bestreichen. Die Marzipanmasse darauflegen. In 3 cm große Quadrate zu Dominosteinen schneiden. Die Kuvertüre im Wasserbad schmelzen. Die Dominosteine damit überziehen.

Nougatherzen

Zutaten:

- 200 g Reismehl
- 200 g Maisstärke
- 2 Teelöffel Johannisbrotkernmehl*
- 100 g Zucker
- 1 Prise Salz
- 200 g pflanzliche Butter, z. B. Alsan
- 4 Eigelb
- 125 g Nougatmasse (gluten- und milchfrei)
- Zartbitterkuvertüre (milchfrei) nach Geschmack

Zubereitung:

Mehl mit den anderen Zutaten nacheinander rasch verkneten.
Den Teig mindestens ½ Stunde kalt stellen.
Danach auf einer Backunterlage dünn ausrollen und kleine Herzen ausstechen.
Die Herzen auf ein mit Backpapier belegtes Backblech geben und im vorgeheizten Backofen bei 180° C ca. 15 Minuten hellgelb backen.
Abkühlen lassen.
Nougat im Wasserbad auflösen.
Jeweils zwei Herzen mit Nougat zusammenkleben und abkühlen lassen.
Eventuell jeweils die Hälfte eines Herzens mit Zartbitterkuvertüre bestreichen.

Tipp:

Der Teig kann auch für Buttergebäck verwendet werden.
Natürlich lassen sich auch andere Formen ausstechen.

Vanillekipferln

Zutaten:

- 125 g Reismehl
- 125 g Maisstärke
- 2 Teelöffel Guarkernmehl*
- 80 g Puderzucker
- 2 Eigelb
- Mark von 1 Vanilleschote
- 1 Prise Salz
- 150 g gemahlene Mandeln
- 150 g pflanzliche Butter (milchfrei)
- Puderzucker und Vanillezucker zum Bestäuben

Zubereitung:

Mehl mit den anderen Zutaten nacheinander zu einem Teig verkneten. 15 Minuten kühl stellen.
Aus dem Teig 5 cm dicke Rollen formen und diese in ½ cm dicke Scheiben schneiden. Die Scheiben wiederum zu Rollen formen und zu Kipferln biegen.
Die Kipferln auf ein mit Backpapier belegtes Backblech geben und im vorgeheizten Backofen bei 200° C ca. 10 Minuten backen.
Noch warm mit einer Mischung aus Puder- und Vanillezucker bestäuben.

Mozartkugeln

Zutaten:

- 125 g kalte Nougatmasse
- 100 g Marzipanrohmasse
- 2 Esslöffel Kirschwasser
- 10 g fein gehackte Pistazien*
- 125 g Puderzucker
- 200 g Zartbitterkuvertüre (milchfrei)

Zubereitung:

Die kalte Nougatmasse in kleine Würfel schneiden, diese zu Kugeln formen und zählen.
Marzipanrohmasse mit Kirschwasser, Pistazien und Puderzucker geschmeidig rühren. Daraus eine Rolle formen und in so viele Scheiben schneiden, wie Nougatkugeln vorhanden sind.
Die Marzipanscheiben um die Nougatkugeln legen und wieder eine Kugel formen. Diese mit geschmolzener Kuvertüre überziehen und trocknen lassen.

Feine Nürnberger Lebkuchen

Zutaten:

- 3 Eier
- 200 g brauner Zucker
- 2 Päckchen Vanillezucker
- 1 Prise Salz
- 200 g Reismehl
- 1 Teelöffel Weinsteinbackpulver*
- 200 g gemahlene Mandeln
- je 1 Messerspitze gemahlene Nelken, Piment* und Kardamom*
- 1 Teelöffel Zimt
- 100 g fein gehacktes Zitronat und Orangeat
- 200 g Zartbitterkuvertüre (milchfrei)

Zubereitung:

Eier, Zucker, Vanillezucker, Salz schaumig schlagen.
Reismehl und Backpulver mischen, zusammen mit Mandeln, Gewürzen, Zitronat und Orangeat unter die Eimasse heben.
Den Teig mit einem Esslöffel zu kleinen runden Lebkuchen formen und auf ein Backblech legen.
Im vorgeheizten Backofen bei 150° C Umluft ca. 25 Minuten backen.
Die Kuvertüre im Wasserbad schmelzen.
Die erkalteten Lebkuchen damit bestreichen.

Crunchies

Zutaten:

- 200 g verschiedene Nüsse und Kerne nach Geschmack
- 50 g Reiswaffeln
- ½ Glas Reismalz*

Zubereitung:

Nüsse waschen und in einer Pfanne trocken rösten, bis sie duften.
In der Zwischenzeit Reiswaffeln zerbröseln.
Reismalz in einer Pfanne erhitzen, bis es flüssig ist.
Nüsse, Reiswaffelbrösel und das flüssige Reismalz mischen.
Die Masse dünn auf einem Blech mit Backpapier verteilen.
Die Crunchies bei 70° C ca. 20-30 Minuten backen, bis sie braun sind.
In kleine Teile brechen.

Anisplätzchen

Zutaten:

- 3 Eier
- 250 g Puderzucker
- 100 g Reismehl
- 100 g Buchweizenmehl
- 50 g Kuzu*
- 1 gehäufter Teelöffel Anis*

Zubereitung:

Eier und Puderzucker zu einer cremigen Masse schlagen.
Mehl, Kuzu und Anis mischen und sieben.
Mit der Creme verrühren.
Mit einem Teelöffel Häufchen auf ein gefettetes, mit Mehl bestäubtes Blech setzen und über Nacht in einem warmen Raum stehen lassen, damit sich ein Häutchen bildet.
Bei 160-180° C in 20-20 Minuten sehr hell backen.

Zimtsterne

Zutaten:

- 4 Eiweiß
- 1 Prise Salz
- 300 g Puderzucker
- 1 Esslöffel Zitronensaft
- 500 g gemahlene Mandeln
- Abgeriebene Schale einer unbehandelten Zitrone
- 2 Teelöffel Zimt
- 100 g gemahlene Mandeln zum Aufrollen und Ausstechen

Zubereitung:

Eiweiß und Salz sehr steif schlagen.
Unter weiterem Schlagen Puderzucker und tropfenweise den Zitronensaft zugeben.
Für den Guss 4-5 Esslöffel von der Masse abnehmen und kühl stellen.
Die übrigen Zutaten unter die restliche Masse heben.
Backunterlage mit gemahlenen Mandeln bestreuen,
den Teig ½ cm dick ausrollen und Sterne von ca. 6 cm Durchmesser ausstechen.
Backblech mit Backpapier auslegen, die Zimtsterne darauflegen und mit dem gekühlten Eischnee bestreichen.
Bei 160° C ca. 20 Minuten backen.

Abendstimmung in Britzingen

Abendessen

Morgens wie ein Kaiser,
mittags wie ein König,
abends wie ein Bettelmann!

Genießen Sie die leichten Creationen
der Acidose-NaturKüche.

Tempeh

Zutaten für 2 Personen:

- 200 g Tempeh*

warm:
- 1 Zwiebel gewürfelt
- 2 Esslöffel Sonnenblumenöl
- 100 g Sauerkraut vom Fass

Zubereitung:

Tempeh schmeckt hervorragend kalt oder warm.
Passt zu sehr vielen Abendessen als Beilage.

Tipp:

Zwiebel in Öl goldgelb andünsten, Tempeh und Sauerkraut darauf legen.
Die Pfanne von der Herdplatte nehmen und das Gericht kurze Zeit ruhen lassen.

Rezept-Creationen

Reispfanne
Kinder- und Schonkost

Grundrezept Seite 124.
Karotten, Fenchel, Mais in 1 Esslöffel Sonnenblumenöl 5 Minuten dünsten.
Reis hinzugeben, mit Salz abschmecken.

Pellkartoffeln
SÄURE-FASTEN®

Zutaten für 2 Personen:
6 mittelgroße Kartoffeln (ungeschält), 1 Teelöffel Salz, ½ l Wasser
Kartoffeln in Salzwasser weich kochen, 30-40 Minuten je nach Kartoffelart.
Wichtig: Restwasser abschütten, Kartoffeln 10 Minuten bei geschlossenem Topf ruhen lassen.
Als Beilage pikante Aufstriche (Rezepte Seite 87 ff.).

Frittierte Auberginen
Gourmetkost

Auberginen in Scheiben schneiden, in Sojasoße und Reismehl wenden.
In heißem Kokosfett auf beiden Seiten goldgelb ausbacken, mit Kräutern garnieren.

Ingwermus

Grundrezept
Zutaten für 2 Personen:

- 1 Tasse Polenta
- 2 Tassen Wasser
- 2-3 Würfel kandierter Ingwer*
- 1-2 Tassen Soja- oder Reismilch
- 4 Scheiben gekochte Ananas, in Würfel geschnitten
- Agavendicksaft* oder neutraler Honig, z. B. Akazienhonig
- Kokosraspeln

Zubereitung:

Polenta mit Wasser aufsetzen und unter ständigem Rühren 5-10 Minuten köcheln.
Ingwer klein schneiden, nach ca. 5 Minuten zusammen mit den Ananaswürfeln unterheben.
Soja- oder Reismilch langsam unterrühren.
Mit Agavendicksaft oder Honig süßen.
Das Mus mit Kokosraspeln und Ananas garnieren.

Rezept-Creationen

Getreidemus, salzig oder süß
Kinder- und Schonkost

Ein Müsli schmeckt auch am Abend (Rezepte Seite 80 ff.).

Wärmende Suppen
SÄURE-FASTEN®

Wohlschmeckende und sättigende Suppencreationen finden Sie ab Seite 72.

Antipasti
Gourmetkost

Tipp:

Verwenden Sie Gemüsereste von mittags, dazu Oliven, gefüllte Traubenblätter, Thunfisch, Peperoni und Sonstiges.

Die Sonntagsküche

Die Sonntagsküche ist für mich sehr wertvoll, da der 7. Tag in der Woche ein besonderer Tag ist.
Ein Tag der Ruhe, der Harmonie, zum neu Auftanken für die kommende Woche, aber auch gleichzeitig für den Rückblick auf das Gewesene.
Der Sonntag ist der Wochentag, an dem wir die Zeit finden für unsere Mitte. Die Mitte, die uns mit dem Nabel der Erde schon vor unserer Geburt verbunden hat.
Die Sonne, das Licht, woher kommen wir, wohin gehen wir . . .

Die Rahmenbedingungen für einen harmonischen Sonntag kann die ACIDOSE-NATURKÜCHE im wahrsten Sinne für Sie und Ihre Familie schaffen.
Ein schön gedeckter Tisch mit Blumen und Kerzen.
Viel Zeit und Muße für Gespräche und andere schöne Dinge.

Wie zu Großmutterszeiten ziehen die wohlriechenden Düfte nach Braten, feinen Gewürzen und frisch gebackenem Kuchen durch die Wohnung.

Da der Sonntag ein ganz besonderer Tag in der Woche ist, ist die Gourmetkost eine willkommene Freude.
Frischer Fisch und Meeresfrüchte bringen Abwechslung.
Tandoori-Spezialitäten sind unkompliziert, praktisch und schnell zubereitet.

Sonntagsküche

Es müssen nicht immer Austern sein . . .

Vomperberger Sommertraumpfanne

Zutaten für 4 Personen:

- 250 g Eierreisnudeln
- 100 g Pfifferlinge
- 1 kleine Zucchini
- 2 mittlere Möhren
- 1 rote Paprika
- 1 Bund Lauchzwiebeln
- 1 Stück frischen Ingwer
- 2 Esslöffel Olivenöl
- 2 Esslöffel Sojasoße
- 1 Teelöffel Curry
- 1 Tasse Kokosmilch
- 12 Garnelen

Vorbereitung:

Weißen Teil der Lauchzwiebeln klein schneiden, Möhren, Paprika, Zucchini, Pfifferlinge stifteln (Schnitttechniken Seite 212).
Ingwer in Streifen schneiden.

Zubereitung:

Öl erhitzen, Lauchzwiebeln mit Curry andünsten.
Gemüse schichten, also erst zum Schluss umrühren!
Möhren, Paprika, Zucchini, Pfifferlinge und das Grün der Lauchzwiebeln aufeinander schichten.
Sojasoße seitlich in die Pfanne geben. Nach ca. 5 Minuten das Gemüse vorsichtig drehen. Das Gemüse sollte noch bissfest sein. Kokosmilch dazu geben. Kochstelle ausschalten und das Gemüse ziehen lassen – nicht mehr kochen!
In der Zwischenzeit Eierreisnudeln ‚al dente' kochen. Garnelen und Ingwer in Olivenöl kurz anbraten. Kurz bevor die Gäste kommen, Reisnudeln und Gemüse mischen. Mit Garnelen und Kräutern garnieren.
Dazu schmecken ein leichter Weißwein oder Quellwasser.

Fisch in Reiskruste

Zutaten für 4 Personen:

- 4 kleinere Fische, z. B. Dorade oder Forelle
- 2 Knoblauchzehen
- 1 Bund Petersilie oder gemischte Kräuter
- 6 Esslöffel Sonnenblumenöl
- 2 Esslöffel Reismehl
- 1 Zitrone
- Salz und Pfeffer

Zubereitung:

Den gesäuberten Fisch mit Zitronensaft beträufeln, mit Salz und Pfeffer würzen, mit feingehacktem Knoblauch und den Kräutern füllen.
In Reismehl wenden und in heißem Fett bei mittlerer Hitze beidseitig goldgelb backen.
Dazu passen Reis oder Dampfkartoffeln.

Steinbeißerrouladen auf grüner Soße und Kurkumahirse

Zutaten für 4 Personen:

Fischrouladen und Soße:

- 4 dünne Steinbeißer- oder andere Fischfilets
- 2 Zwiebeln
- je 1 Bund Dill, Petersilie
- 3 Knoblauchzehen
- 1 Zitrone
- 4 Esslöffel Sonnenblumenöl
- 2 Esslöffel Reismehl
- 2 Teelöffel Gemüsebrühe
- 2 Esslöffel veganer Sauerrahm
- 1 Lorbeerblatt
- ¼ l Weißwein
- 1 Prise Rohrohrzucker, Salz, Pfeffer

Vorbereitung:
Fisch mit Zitronensaft beträufeln, mit Salz und Pfeffer würzen. Zwiebeln und Knoblauch fein würfeln, Kräuter fein hacken.

Zubereitung Fischrouladen:
1 Esslöffel Öl erhitzen, die Hälfte der Zwiebeln goldgelb anschwitzen. Die Hälfte des Knoblauchs dazugeben, 1 Teelöffel Gemüsebrühe untermischen, die Hälfte der Kräuter dazugeben. Die Masse mit Salz und Pfeffer abschmecken und auf den Filets verteilen. Die Filets aufrollen und mit einem Zahnstocher fixieren.
Die Rouladen in Reismehl wenden. 1 Esslöffel Öl erhitzen und die Rouladen goldgelb anbraten.

Grüne Soße:
2 Esslöffel Öl erhitzen, die restlichen Zwiebeln mit dem Lorbeerblatt dünsten. Knoblauch dazu geben, mit 1 Teelöffel Gemüsebrühe und Weißwein 10-15 Minuten ziehen lassen.
Topf von der Herdplatte nehmen, restliche Kräuter und Rahm dazugeben, Lorbeerblatt entfernen. Die Soße im Mixer fein pürieren. Abschmecken und zum Fisch geben. Nochmals 10 Minuten ziehen lassen.
Rezept Kurkumahirse Seite 125.

Meeresfrüchte auf Belugalinsen

Zutaten für 4 Personen:

Linsen: Rezept Seite 97.

Meeresfrüchte:

- Meeresfrüchte wie Muscheln, Scampi, Fisch, Tintenfisch
- Gemischte Kräuter
- 2 Esslöffel Olivenöl
- Salz, Pfeffer
- 1 Zitrone

Zubereitung:

Meeresfrüchte in Olivenöl kurz braten, mit Salz, Pfeffer und frischen Kräutern würzen.
Über die warmen Linsen geben.
Dazu Brot und Zitrone.

Geflügel-Tandoori

Grundrezept
Zutaten für 2 Personen:

- 1 Möhre
- 1 Zwiebel
- 1 Stück Lauch
- ¼ l Gemüsebrühe
- 2 Esslöffel Sonnenblumenöl

Geflügel-Tandoori

- 2 Geflügelteile, z. B. Hähnchen, Ente
- 1 Knoblauchzehe
- 2 Tomaten oder
  1 Tasse Tomatenpüree
- 1 Stück Sellerieknolle
- 1 Teelöffel Curry
- ¼ l Weißwein oder Gemüsebrühe

Zubereitung:

Gemüse mundgerecht schneiden.
Zwiebeln im Tandoori andünsten, Curry und Gemüsebrühe dazugeben.
Das restliche Gemüse sanft untermengen.
Das Geflügel salzen und pfeffern und in das Gemüse einbetten, Wein oder Gemüsebrühe zugeben. Das Fleisch mit etwas Öl beträufeln.
Das Tandoori zugedeckt im vorgeheizten Backofen bei 180° C ca. 45-60 Minuten garen.

Tandoori-Creationen

Kürbis-Gemüse-Tandoori
Kinder- und Schonkost

Grundrezept, 1 Esslöffel Rosinen, 1 klein gewürfelter Hokkaido-Kürbis. Bei 170° C ca. 30 Minuten garen.

Tandoori-Pfanne „Bauernart"
SÄURE-FASTEN®

Grundrezept, 1 klein geschnittener Apfel, 100 g Maronen, 1 Esslöffel Sojasoße.
In einer Pfanne bei mittlerer Hitze ca. 10 Minuten garen.
100 g Räuchertofu in Scheiben darauflegen und durchziehen lassen.

Sauerkraut-Tandoori
Gourmetkost

Grundrezept, 1 kg Sauerkraut, 1 Teelöffel Wacholderberen, 400 g Fleischeinlage nach Geschmack, ¼ l Bier.
Bei 180° C ca. 45-60 Minuten garen.

Tipps und Tricks in der ACIDOSE-NATURKÜCHE

Viele Menschen äußern in meinen Kochseminaren: „Das werde ich nie so können wie Sie!". Diesen Satz höre ich immer wieder. Wenn sie aber Spaß haben am Kochen, Freude daran, zu kreieren und zuzubereiten, dann sind aus ihnen nach einer gewissen Zeit stolze Praktiker geworden. Denn nun teilen sie mir selbstbewusst mit: „Frau Holzer, jetzt weiß ich, wo es lang geht, und ich hätte mir nie vorgestellt, wie einfach Ihre Küche ist".

Ernährungsseminar im POTAMOS
„Sauerkraut einlegen, das macht ja richtig Spaß!"

Hilfreiche Tricks und Kniffe, um eine versierte Köchin oder ein ebensolcher Koch in der ACIDOSE-NATURKÜCHE zu werden, können wir uns durch Ausprobieren aneignen. Am besten und sichersten aber schreitet voran, wem direkt vor Augen steht, wie es gemacht wird oder werden kann. Hierzu soll Ihnen dieses Buch dienen. Praktische Erfahrungen können Sie auch in den Kochkursen unserer Praktiker* sammeln.

Hier nun noch einige Tipps und Tricks als Kostproben:

Einfache Soßen

Soßen geben Beilagen wie Kartoffeln, Nudeln und Reis
einen harmonischen individuellen Geschmack.
Beachten Sie aber die Menge Ihrer Eiweißzufuhr.

Tipps für Einlagen:
Nüsse, Tofu, Bohnen, Linsen – werden Sie neugierig und kreativ.

Bratensoße

Zutaten:

- 1 große Zwiebel
- 1 Knoblauchzehe
- 1 Esslöffel Sonnenblumenöl
- 1 Esslöffel ausgelassene Butter
- 2 Esslöffel Sojasoße
- 1 Esslöffel dunkler Balsamico
- ¼ l Gemüsebrühe oder Rotwein nach Geschmack
- 1 Teelöffel Paprikapulver oder mexikanische Gewürzmischung*
- 2 Lorbeerblätter

Zubereitung:

Zwiebel und Knoblauch in Scheiben schneiden.
In heißem Öl mit Butter goldgelb anbraten.
Gewürz dazugeben.
Nicht rühren, sondern die Pfanne bewegen.
Mit Gemüsebrühe ablöschen.
Sojasoße, Balsamico und Lorbeerblätter dazugeben.
Bei sehr schwacher Hitze ca. 15 Minuten ziehen lassen.

Currysoße

Zutaten:

- 1 große Zwiebel
- 1 Stück geschälter Ingwer
- 2 Knoblauchzehen
- 1 Esslöffel Sonnenblumenöl
- 1 Teelöffel Curry
- 4 Esslöffel veganer Sauerrahm
- ¼ l Gemüsebrühe

Zubereitung:

Zwiebel, Knoblauch und Ingwer fein hacken.
Im erhitzten Öl zusammen mit dem Curry anschwitzen.
Die warme Gemüsebrühe dazu geben und die Soße bei schwacher Hitze 5 Minuten köcheln.
Von der heißen Herdplatte nehmen.
Den Sauerrahm vorsichtig unterheben.

Kräutersoße

Zutaten:

- 1 Bund frische Gartenkräuter nach Belieben
- 3 Knoblauchzehen
- 1 Esslöffel Sojasoße
- 1 Esslöffel weißer Balsamico
- 5-6 Esslöffel Olivenöl, je nach Kräutermenge
- Eventuell Gemüsebrühe zum Verlängern

Zubereitung:

Die Kräuter fein hacken, im Suribashi* fein mörsern.
Den Knoblauch zerdrücken.
Alle Zutaten vermengen, abschmecken und im Wasserbad warm halten.

Kokossoße

Zutaten:

- 1 große weiße Gemüsezwiebel
- 1 Esslöffel Sonnenblumenöl
- 1 Teelöffel geröstetes Sesamöl
- ¼ l Kokosmilch mit -fett
- 1 Teelöffel Instant-Gemüsebrühe
- 1-2 Teelöffel asiatische Gewürzmischung*

Zubereitung:

Gemüsezwiebel fein schneiden.
In Sonnenblumenöl goldgelb anbraten, Gewürze dazu geben.
Den Topf von der Kochstelle nehmen.
Kokosmilch unterziehen.
Mit dem Sesamöl verfeinern.
Die Soße ziehen lassen.

Tellergerichte

Gemüse nach Jahreszeit
und aus der Region sind wunderbare Zutaten für abwechslungsreiche Mahlzeiten.

Pasta, Pasta
für Alt und Jung.
Maisbandnudeln mit Tofu-Paprika-Gulasch.

Tellergericht zum Mitnehmen
an den Arbeitsplatz.
Gemüse und Hülsenfrüchte schmecken auch zimmerwarm sehr gut.

Schonkost
für Kinder und ältere Menschen, püriert, farbenfroh und harmonisch gewürzt – sehr wohlschmeckend.

Eine ausgewogene Mahlzeit,
die Leichtigkeit und Stärke verleiht: Linsen, diverse Gemüse, Hirseplätzchen und Vergorenes.

Kinder essen Gemüse gerne,
wenn es farbenfroh und spielerisch creativ garniert ist.

Resteküche

Es ist mir sehr wichtig, von den wertvollen Lebensmitteln nichts übrig zu lassen oder gar wegzuwerfen. Zur ACIDOSE-NATURKÜCHE gehört deshalb eine optimale Resteverwertung. Wir verarbeiten alles, von der Wurzel bis zur Blüte. Um dies zu demonstrieren, gehe ich gerne mit den Teilnehmern der Kochseminare an den Kühlschrank: Findet sich dort beispielsweise ein Rest von gekochtem Reis oder eine Schale gekochter Hirse, dann mische ich diese Getreide, gebe sie zusammen mit Pflanzenmilch in die Küchenmaschine, dazu etwas Kakao, etwas Agavendicksaft – und schon habe ich einen leckeren Schokopudding.

Rapsfeld

Resteküche

Die Resteküche verwertet
alle übrig gebliebenen Nahrungsmittel.
Lebensmittel aus biologisch-dynamischer Wirtschaftsweise*
sind zu kostbar,
um weggeworfen zu werden.

Resteküche

Schauen Sie in Ihren Kühlschrank.
Stellen Sie alle Resteschüsseln auf den Tisch.
Überlegen Sie, was Sie kreieren können.

Die Resteküche schmeckt vorzüglich.

Gemüse-Getreide-Salat
Reste von Reis, Gemüse und Fisch, mit wenig Öl und Zitrone verfeinert.

Krustelpfanne
Reste von Braten, Kartoffeln, Nudeln und Kräutern, in Gemüsezwiebeln geschwenkt.

Rezept-Creationen

Getreidefrikadellen
Alle Getreidereste und Gemüse vermengt, in Sesam gewendet und ausgebacken.

Schichtpfanne
Reste von Gemüse, klein geschnitten und geschichtet nach Garzeit, z. B. Karotten, Petersilienwurzel, Kartoffeln, Lauch, Pilze. In Gemüsebrühe dünsten.

Natürliche Puddings
Reste von
Reismüsli mit Reis-Vanille-Milch,
Hirsemüsli mit Kokosmilch und Kakao,
Quinoamüsli mit Sojamilch und Himbeeren,
in der Küchenmaschine püriert.

Würzen

Teil der ACIDOSE-NATURKÜCHE ist es zu lernen, sowohl süße wie auch pikante Speisen schmackhaft zu würzen. Zum genussvollen Würzen gehört, sich nicht zu scheuen, auch neue Kräuter und Gewürzmischungen einzusetzen. Üben und (Ab-)Schmecken machen auch hier den Meister.

Um Lebensmittel zu neutralisieren und harmonisieren, verwenden wir ausgeprägt basenüberschüssige Würzmittel wie Gemüsebrühe, Ume*, Kuzu* zum Binden oder Miso* für Suppen und Soßen. Achten Sie auf glutamatfreie Gewürze. Glutamat überreizt bei vielen Menschen das Nervensystem bis hin zu schweren allergischen Reaktionen. Die Geschmacksintensivierung, die Glutamat nachgesagt wird, erreichten unsere Großmütter bereits mit einem ganz einfachen Trick: „Alles, was süß ist, bekommt eine Prise Salz. Alles, was salzig ist, bekommt eine Prise Zucker.“

Gewürz-Basar

Hülsenfrüchte und Getreide verträglich zubereiten

Hülsenfrüchte werden über Nacht eingeweicht, danach lange gekocht, mit Gewürzen wie Kurkuma verfeinert, um die Verträglichkeit zu erhöhen.

Feine Nierenbohnen

Für leichte und schwere Getreide gelten die Regeln:
Das Korn nach dem Kochen immer so lange ruhen lassen, wie es gekocht wurde. Salzen immer erst nach dem Kochen, also erst, wenn das Getreide nachruht.
So schmeckt es harmonisch und wird besser verdaut.

Aber achten Sie auch darauf:
Zu viel Getreide verdrängt die Basen auf Ihrem Teller.

Nostalgie

Wie es meine Großmutter machte

Einfache Schnitttechniken,
Würzen mit Kräutern aus dem eigenen Garten,
der echt schwäbische Kartoffelsalat,
der „schwätzt“ (= gut durchgezogen und feucht ist),
die handgeschabten Spätzle –
wunderbare Kindheitserfahrungen,
die die ACIDOSE-NATURKÜCHE bereichern.

Schnitttechniken

Gemüse in der Schale gedünstet behält alle wichtigen Nährstoffe und ist besonders für die Schonkost geeignet.
Wärmt im Winter.

Stifteln
Herbst und Frühjahr

Längsschnitt
Sommer

Monde
Herbst und Frühjahr

Ringe
Winter

Quer mit halber Umdrehung
Herbst und Winter

Ingwer

Grundrezept
Zutaten:

- 1 Stück frischer Ingwer*
- 7 Esslöffel Kokosfett*

Zubereitung:

Ingwer schälen und in feine Längsstifte schneiden.
In dem heißen Kokosfett goldgelb rösten.

Beilage zu Gemüse und Fisch.

Radicchio

Grundrezept mit frischem Radicchio und Olivenöl.

Salbei

Grundrezept mit frischem Salbei und Sonnenblumenöl.

Zwiebel-Knoblauch

Grundrezept mit gewürfelter Zwiebel-Knoblauch-Mischung und Ghee*.

Schwäbischer Kartoffelsalat

Grundrezept
Zutaten für 4-6 Personen:

- 12 festkochende gelbe Kartoffeln
- ¼ l Gemüsebrühe
- 2-3 Esslöffel heller Balsamico
- 1 Teelöffel milder Senf
- 1 Teelöffel Salz
- 1 Prise Pfeffer
- 4-5 Esslöffel Sonnenblumenöl

1. Kartoffeln in der Schale 30-40 Minuten kochen. Wichtig: Restliches Wasser abschütten und die Kartoffeln im geschlossenen Topf ca. 30 Minuten nachdämpfen.

2. Kartoffeln schälen, in so dünne Scheiben schneiden, dass das Messer durch die Scheiben sichtbar ist

3. Gemüsezwiebeln in feine Würfel schneiden, in 2 Esslöffeln Öl kurz dünsten.
   Nach Geschmack 1 Knoblauchzehe klein hacken und dazugeben.

4. Zwiebel-Knoblauch-Mischung zusammen mit Senf, Salz und Essig auf die Kartoffeln geben.

5. In derselben Pfanne die Gemüsebrühe erwärmen. Die warme Gemüsebrühe über den Kartoffelsalat gießen und alles vermengen.

6. Den Kartoffelsalat ca. 10 Minuten ziehen lassen. Nun das restliche Öl dazu geben. Mit Salz und Pfeffer abschmecken.
   Und wenn der Kartoffelsalat nun „schwätzt“, haben Sie ihn richtig zubereitet!

Echt schwäbischer Kartoffelsalat wird lauwarm gegessen!

Handgeschabte glutenfreie Spätzle

Grundrezept für 4 Personen
Zutaten:

- 3 Tassen Reismehl
- 1 Tasse Buchweizenmehl
- 2 Eier
- 1 Teelöffel Salz
- 3 Tassen Wasser

Zubereitung:

1

2

3

1. Die Zutaten zu einem geschmeidigen Teig verrühren. Ca. 15. Minuten ruhen lassen. Einen Topf mit reichlich Wasser und 1 Teelöffel Salz zum Kochen bringen.
2. Holzbrett und Teigschaber im Topf anfeuchten.
3. 1 Esslöffel Teig aufs Brett geben und flach ausstreichen.
4. Feine Teigröllchen ins kochende Wasser abstreifen.
5. Nach dem Hochkochen der Spätzle diese mit dem Sieb abschöpfen.
6. Punkt 1 bis 5 wiederholen.
7. Verfeinern:
   Die Spätzle mit 2 Esslöffel Ghee* vermengen.

3a

4

5

Kräuterspätzle

Grundrezept mit 2 Esslöffel frischen Kräutern (Sorten nach Geschmack). Mit Zwiebel-Ghee abschmelzen.

Schabziger-Spätzle

Grundrezept mit 2 Teelöffel Schabziger*. Mit Zwiebel-Knoblauch (Rezept Seite 215) abschmelzen.

Tofu-Knöpfle

Grundrezept mit 200 g feingewürfeltem Räuchertofu (oder Räucherwurst). Mit zwei angefeuchteten Teelöffeln Bällchen formen und in das kochende Wasser geben. Bei mittlerer Hitze ziehen lassen bis die Knöpfle oben schwimmen. Mit geröstetem Ingwer (Rezept Seite 214) verfeinern.

Zwischen Himmel und Erde

Die Küchenkräuter mögen Ihnen ein Basiswissen vermitteln und Sie dazu anregen, Kräuter auf dem Balkon in Blumenkästen oder im eigenen Garten anzupflanzen.

Großmutters Kräutergärtchen

Goldene Sonnenstrahlen auf Blüten und Blättern.
Summende Bienen, bunte Schmetterlinge, Vogelgezwitscher.
Unvergessliche Eindrücke und Düfte aus meiner Kindheit.

Basilikum
passt zu Tomaten und sommerlichen Gemüsearten. Magenstärkend und verdauungsfördernd.

Bohnenkraut
kann bei Bohnen- und Kartoffelgerichten mitgekocht werden. Hilfreich bei Erbrechen und Koliken.

Borretsch
Die Blätter fein gehackt zum Würzen von Fisch, Fleisch und Salaten verwenden. Wohltuend bei Rheuma und herzstärkend.

Brennnessel
Die jungen Blätter können zu Spinat oder Salat verarbeitet werden, die Samen als Würze zum Salat. Blutreinigend und harntreibend.

Dill
schmeckt gut zu Gurken, Suppen, Fischgerichten. Kauen von Dillsamen hilft bei üblem Mundgeruch und Blähungen.

Estragon
zum Würzen von Soßen und Salaten. Enthält Bitterstoffe und wirkt daher verdauungsfördernd.

Fenchel
Samen als Gewürz zum Backen, für morgendliche Müslis und als Tee. Beruhigend und krampflösend, z. B. bei Bauchschmerzen.

Frauenmantel

Blüten und Blätter als Tee haben sich seit Jahrhunderten in der Frauenheilkunde bewährt.

Johanniskraut

Blüten und Blätter wirken als Tee beruhigend, entzündungshemmend und harmonisierend auf die Verdauungsorgane.

Kamille

Blüten als Tee wirken harmonisierend auf den gesamten Organismus, z. B. bei Schlafstörungen und bei Fieber.

Kapuzinerkresse

Blätter schmecken vorzüglich als Salat. Noch grüne Blütenknospen als „falsche Kapern“ verwenden. Wirkt harmonisierend auf die Lymphe, außerdem antibakteriell sowie antiparasitär.

Koriander

Blätter für Soßen und Salat, Samen zum Kochen beim Reis. Entschlackend und entgiftend.

Lavendel

Blüten als Tee und Duftkissen. Lavendelöl für Bäder und zum Aromatisieren von Speisen. Beruhigend und entspannend.

Liebstöckel

Kraut zu Suppen und Salaten, Wurzel zu Fleisch, für Schmorgerichte. Wirkt entwässernd und beruhigend auf den Verdauungstrakt.

Löwenzahn
Die jungen Blätter für Salate, die jungen Blütenknospen zum Ansetzen von Löwenzahnhonig. Blutreinigend.

Majoran
als Gewürz für Soßen, Fleischgerichte und Tee. Krampflösend.

Petersilie
als Würzkraut zu Salaten, Gemüsen, Dips und Soßen sowie als Tee. Petersiliensamen abgekocht gegen Leberleiden.

Ringelblume
Blütenblätter würzen Suppen, Soßen, Salate und Tees. Blütenblätter können auch als Färbemittel für Soßen, Ghee und Suppen verwendet werden.

Rosmarin
Verwendung bei Fleisch, Fisch und Fetten sowie Gegrilltem und Kartoffeln. Rosmarintee wirkt entspannend, krampflösend, galletreibend und entgiftend.

Salbei
zu Salaten und Soßen. Salbeitee bei Hitzewallungen und Erkältungen.

Schafgarbe
Blätter und Blüten für Salate. Tee wirkt harmonisierend auf den Darm, antiparasitär und beruhigend.

Schnittlauch

Ein Zwiebelgewächs zum Würzen von Salaten, Gemüsen, Soßen, Ghee und Suppen. Appetitanregend.

Seifenkraut

Wurzeln für Teeanwendungen wirken entkrampfend, harntreibend und leicht abführend.Wurde früher als Seifenersatz benutzt.

Spitzwegerich

Blätter für Teeanwendungen bei Husten und Atemwegsbeschwerden. Presssaft der Blätter wirkt abschwellend und lindernd bei Insektenstichen und Blasenbildung der Haut.

Thymian

Kraut und Blüten bei fetten Speisen. Als Tee wirkt er lindernd bei Atemwegsbeschwerden.

Waldmeister

Blätter und Blüten zu Desserts, Bowle. Als Tee wirkt er beruhigend und harmonisierend.

Wermut

zu fetten Speisen, bei Darmträgheit.

Zitronenmelisse

Blätter zu Salaten und Süßspeisen. Blüten und Blätter zu Tees wirken beruhigend bei Schlafstörungen.

ACIDOSE-NATURKÜCHE

Reinigendes Fasten mit Wohlfühlsuppen

Eine besonders schöne Variante des SÄURE-FASTENS®
nach Wochentagen, Farben und Planeten.

Reinigendes Fasten mit Wohlfühlsuppen

„Weniger ist mehr."
Eine einfache Kost ist wesentlich leichter zu verstoffwechseln.

Alle, die sich nach Festtagen oder anderen zu üppigen Tagen wieder wohlfühlen wollen, bringt das „FASTEN MIT SUPPEN" in wenigen Tagen schon großen Nutzen.
Das FASTEN MIT SUPPEN ist ein schonendes Fasten und auch sehr gut geeignet für die Fastenzeiten vor Ostern und im Advent sowie für meditatives Fasten.
Die basenreichen Wohlfühlsuppenvariationen spenden Ihnen ausreichend mineralreiche Flüssigkeit.
Für Berufstätige und für diejenigen, die sehr hungrig sind, empfehle ich pflanzliche Eiweiß- und Kohlenhydrateinlagen wie Reis, die Sie dem Fastenplan entnehmen können.
Für Menschen mit einer Glutenunverträglichkeit sind auch nochmals die leichten, glutenfreien Getreide aufgeführt.
Damit die Fastenwoche auch abwechslungsreich und creativ wird, habe ich Ihnen die Wohlfühlsuppen nach den Farben und Planeten der jeweiligen Wochentage geordnet.
Farben haben einen großen Einfluss auf unser Leben. Jeder hat eine Lieblingsfarbe, wir sprechen auch von Farbtönen und Farbklängen. Schöpfen Sie diese Farbskala nach Ihren Bedürfnissen voll aus.
Viel Spaß macht es mir, nicht nur die Farbe der Suppen entsprechend der Farbe des Wochentags zu kreieren, sondern auch die Farbe meiner Kleidung darauf abzustimmen.

Fasten bedeutet für mich

Entlasten von Körper, Geist und Seele,

**spüren lernen,
wieviel wir individuell benötigen,
um uns in Harmonie zu fühlen,**

**mit allen Sinnen wahrzunehmen,
den Geschmack, die Farben, den Geruch, . . .**

Wohlfühlsuppe

Zutaten für 2 Personen:

1 Zwiebel
1 Möhre
1 Stück Lauch
1 Kartoffel
1 Teelöffel Noriflocken*
4-5 Tassen Wasser
1-2 Teelöffel kaltgepresstes Öl
1-2 Teelöffel Miso
1 Teelöffel Würzel (Gemüsebrühe)
Kräuter zum Garnieren

Zubereitung:

Wasser aufsetzen. In der Zwischenzeit Gemüse klein schneiden. Alle Zutaten ins Wasser geben, ca. 10 Minuten köcheln. Vor dem Servieren mit Öl und Miso verfeinern.

☽ Mond	♂ Mars	☿ Merkur
Montag	**Dienstag**	**Mittwoch**
• Blaukrautsuppe • Blaubeerensuppe	• Rote-Bete-Suppe • Tomatensuppe • Möhrensuppe • Rote-Paprika-Suppe	• Kartoffelsuppe • Kürbissuppe • Gelbe-Rüben-Suppe • Sauerkrautsuppe

Bereiten Sie die Suppe bereits für den ganzen Tag vor. Achten Sie beim Erwärmen darauf, nur die Menge zu erwärmen, die Sie gerade essen möchten.

Suppeneinlagen für Berufstätige

• Reis • geräucherter Tofu	• Gerste • Rote Linsen	• Hirse • Tofu

Glutenfrei:

• Reis	• Buchweizen	• Hirse

Das Grundrezept der Suppen ist immer die Wohlfühlsuppe.
Dazu geben Sie zum Beispiel eine größere Menge Kartoffeln, und schon haben Sie eine Kartoffelsuppe. Genauso funktionieren alle hier aufgeführten Suppen.

Blau sachlich, ausgleichend, harmonisierend für das Lymphwasser	**Rot** Leidenschaft Sexualkraft und Sinne fördernd, Durchblutung verbessernd	**Gelb** Gerechtigkeitsgefühl Stoffwechsel anregend: Leber, Galle, Verdauung

♃ Jupiter	♀ Venus	♄ Saturn	☉ Sonne
Donnerstag	**Freitag**	**Samstag**	**Sonntag**
• Auberginensuppe • Wachauer-Bohnensuppe • Gemüsezwiebel-suppe	• Spinatsuppe • Lauchsuppe • Brokkolisuppe • Zucchinisuppe • Wirsingsuppe	• Wohlfühlsuppe Grundrezept	• Zwiebelsuppe • Kohlrabisuppe • Kartoffelsuppe • Blumenkohlsuppe • Pastinakensuppe • Petersilienwurzel-suppe

3 Mahlzeiten am Tag sind die Grundlage für einen optimalen Basenschub. Zwischenmahlzeiten in Form von Suppen sind jederzeit erlaubt. Sie sollten nicht hungern!

Empfehlung pro Portion: 1 EL Getreide und ½ EL pflanzliches Eiweiß

• Roggen • Kichererbsen	• Hafer • Grüne Linsen	• Kartoffeln • Schwarze Linsen	• Weizen • Weiße Bohnen
• Quinoa	• Amaranth	• Polenta	• Tapioka | Sago

Kräuter wie Lorbeer, Wacholder, Salbei, Liebstöckel sorgen für Vielfalt im Geschmack und regen den Stoffwechsel an. Hülsenfrüchte müssen, wie im Rotationsplan (Seite 51) beschrieben, vorbereitet werden und werden erst nach dem Garen in die Suppe gegeben.

Violett	**Grün**	**Grau**	**Weiß**
Urvertrauen Abwehrkräfte anregend, stabilisierend	Lebenskraft Herz und Lunge anregend, Rhythmus fördernd	Stille, Frieden Erregung ausschal-tend, Schlaf fördernd	Wohlbehagen, Reinheit, Klarheit schmerzlindernd, krampflösend

Harmonische Lebensführung

Für eine ausgewogene harmonische Lebensführung empfehle ich Ihnen folgende 5 Tipps, bei deren Umsetzung Ihnen unsere SÄURE-FASTEN® PRAKTIKER* und LGB THERAPEUTEN* helfen können.

1. Tipp:

Achten Sie auf ausreichend Bewegung wie Joggen, Nordic Walking, Schwimmen, Spazierengehen an der frischen Luft, Reiten, Tanzen oder ACIDOSE-LYMPHGYMNASTIK und ACIDOSE-SELBSTMASSAGE nach Rosemarie Holzer.

2. Tipp:

Schaffen Sie sich eine Umgebung, in der Sie sich wohlfühlen. Dazu zählen das berufliche und familiäre Umfeld, aber auch Wohnsituation, Wasserqualität, reine Luft und das Reduzieren von Elektrosmog.

3. Tipp:

Finden Sie Ihre individuelle Kost und somit Ihr Wohlfühlgewicht durch die Beratung und Begleitung eines SÄURE-FASTEN PRAKTIKERS oder LGB THERAPEUTEN (vgl. Seite 269).

4. Tipp:

Achten Sie auch nach dem FASTEN MIT SUPPEN auf basenreiche Lebensmittel aus kontrolliert biologisch-dynamischem Anbau*. Setzen Sie Ihre Schwerpunkte in der Kost auf Vergorenes, Bitterstoffe, Kräuter, Gemüse, Hülsenfrüchte, leichte Getreide, Körner und Nüsse, Früchte und reines Wasser.

5. Tipp:

Wir essen heute fast alle zu viel tierische Produkte, zu viel Süßes in jeglicher Form, zu viel glutenhaltige Getreideprodukte und zu viel „Moppel-Fette". Wir essen insgesamt zu viel und zu viel durcheinander. Dagegen nehmen wir meistens viel zu wenig Vergorenes und Bitterstoffe zu uns.

Deshalb meine Empfehlung: 1-2 Mal im Jahr ein schonendes Entschlacken und Entgiften, um Ihre Lymphe wieder in Fluss zu bringen. Fastenkalender, Anleitungen zu Einlauf und Leberwickel sowie Vertiefung der ACIDOSE-SELBSTMASSAGE und ACIDOSE-LYMPHGYMNASTIK erhalten Sie bei unseren SÄURE-FASTEN® PRAKTIKERN und LGB THERAPEUTEN.

Natur in Harmonie:
Stockrose (Alcea rosea)

Aus der wissenschaftlichen Arbeit von Potamos.

Referiert von Doris Hartwig, Lgb* Therapeutin und wissenschaftliche Mitarbeiterin von Potamos

Was macht das Milcheiweiß in der Lymphe?

Das Wort „Lymphe" kommt aus dem Lateinischen und bedeutet ‚reines fließendes Wasser' oder ‚Quellwasser'. Lymphe ist die Flüssigkeit, die all unsere lebenden Zellen umspült und ernährt. Nur mit fließender Lymphe, die die Nährstoffe zur Zelle bringt und die Stoffwechselabfälle der Zelle abtransportiert, ist Gesundheit möglich. Werden die Zellen nicht optimal ernährt, entstehen Gewebeschwächen und die Organfunktionen werden eingeschränkt. Erste Anzeichen sind Müdigkeit, Abgeschlagenheit oder allgemein das Gefühl: „Ich werde eben älter!" Die Gelenke verlieren ihre Geschmeidigkeit, im Körper schmerzt es mal hier und mal da, täglich treten andere „Wehwehchen" auf. Diese Symptome weisen bereits auf eine Lymphverfestigung hin, oft schon in jungen Jahren. Der Arzt kann allerdings in dieser Phase noch keine klare Diagnose stellen.

Verfestigt sich die Lymphe weiter, geraten die Zellen immer stärker in ein Ernährungsdefizit, immer mehr wichtige Substanzen für die Zellarbeit fehlen. Die Stoffwechselabfälle werden nicht mehr vollständig wegtransportiert und vergiften schleichend das Gewebe. So erkrankt allmählich das ganze Organ. Je nachdem, wo die Lymphe verfestigt ist, kann jedes Organ betroffen sein. Die Leistungsfähigkeit und die Regenerationsfähigkeit des Organs nehmen ab.
In meiner Praxis sehe ich oft Patienten mit trockener, pergamentartiger und schuppiger Haut an den Unterschenkeln. Unbehandelt wird die Haut immer dünner und glänzender, bis dann eine kleine, eigentlich harmlose Verletzung nur langsam oder gar nicht abheilt. Es entstehen offene Beine, die sich bei konventioneller Therapie meistens nicht bessern. Heilung kann nur über eine Verflüssigung und besseren Fluss der Lymphe erzielt werden.

Unserer Erfahrung nach verfestigen ein hoher Eiweißgehalt in Kombination mit Säure die Lymphe. Eiweiße haben in Flüssigkeit naturgemäß einen Wasserfilm um sich herum und können so aneinander vorbei gleiten. Ein zu hoher Eiweißgehalt in der Lymphe macht die Lymphe dick- und zähflüssiger. Kommt nun Säure dazu, werden die Wasserfilme um die Eiweißmoleküle zerstört und die Eiweiße werden netzartig miteinander verbunden, sie verkleben. So entstehen große Areale von gelartig verfestigter Lymphe, was wir als acidotische Lymphblockade bezeichnen.

Ein gewisses Maß an Eiweißen (= Proteinen) in der Lymphe ist völlig normal: Aminosäuren als Nährstoffe, Antikörper des Immunsystems, Transporteiweiße, Hormone etc. Bei einem gesunden Menschen übersteigen diese Mengen aber nie das Maß, bei dem die Lymphe flüssig bleibt.
Eiweiße nehmen wir aus der Nahrung zu uns, vor allem aus Fleisch, Fisch, Eiern, Hülsenfrüchten wie Linsen, Bohnen, Kichererbsen oder Soja. Außerdem sind viele Getreide eiweißreich. Diese Eiweiße werden im Verdauungstrakt in ihre Bausteine, die Aminosäuren, zerlegt, die dann über die Darmschleimhaut in die Lymphe und in das Blut übernommen werden. Aus ihnen werden alle lebensnotwendigen Eiweißstrukturen wie Zellwände, Botenstoffe, Gerinnungsfaktoren oder Hormone gebildet. Die Aufnahme der Aminosäuren und ihr Aufbau und Umbau zu körpereigenen Proteinen geschieht streng bedarfsorientiert: Es wird immer nur so viel produziert, wie der Körper benötigt, ein Übermaß an Eiweiß also vermieden.

Auch Milch und Milchprodukte enthalten viel Eiweiß, das allerdings eine Sonderrolle spielt: Das mütterliche Milcheiweiß ist ein ganz wichtiger Faktor für das Gedeihen des Säuglings. Da dessen Verdauungssystem noch nicht ausgereift ist, kann die Nahrung im Darm noch nicht aufgeschlüsselt und verstoffwechselt werden. Doch gerade in den ersten Lebenswochen braucht ein Säugling für sein Wachstum sehr viel „Baumaterial“. Das Eiweiß der mütterlichen Stillmilch ist hervorragend diesem Bedarf des Säuglings angepasst. Es passiert unverdaut – also nicht in Aminosäuren zerlegt – die Darmschleimhaut, gelangt in die Lymphe und steht dem Organismus sofort als passgenaues Bauteil zur Verfügung. Es wird direkt in die Zellwände eingebaut und belastet somit nicht die Lymphe.

Tiermilch, z. B. Kuhmilch, ist auch eine Stillmilch, die zunächst nach den gleichen Prinzipien funktioniert: Das Milcheiweiß wird von der Darmschleimhaut erkannt und unverdaut in die Lymphe durchgelassen. Die Milch enthält aber je nach Tierart ganz spezifische Milcheiweiße: Kuhmilch ist für Kälbchen gedacht und nicht für kleine Lämmchen oder menschliche Säuglinge. Gelangt nun Kuhmilcheiweiß oder das Milcheiweiß eines anderen Tieres bei einem menschlichen Säugling in die Lymphe, bleibt es dort, weil es nicht zum Einbau in die Zellwände taugt. Bei weiterem Tiermilchkonsum oder Verzehr von Tiermilchprodukten entsteht so nach und nach eine Überlastung der Lymphe mit Milcheiweiß. Die Lymphe verschleimt zunächst, danach entstehen unter Säureeinfluss Eiweißplaques und -platten bis hin zu regelrechten Eiweißsträngen. Die eigentlich flüssige Lymphe verfestigt sich und erstarrt schließlich.

Wie schnell und wie stark Verfestigung und Erstarrung fortschreiten und warum dies oft bereits bei Säuglingen zu gesundheitlichen Störungen wie Milchschorf, Neurodermitis, Koliken oder Schlafstörungen führt, andere Menschen sich dagegen trotz Milchkonsums bis ins hohe Alter hin relativ gesund fühlen, hängt mit der Individualität des Menschen zusammen. Individuelle Empfindlichkeit, weitere Lebensfaktoren und die Menge des Milch(produkte)konsums haben entscheidenden Einfluss darauf, wann eine gesundheitliche Beeinträchtigung spürbar wird. Viele Menschen bemerken die schleichende Lymphverfestigung gar nicht, da sie Befindlichkeitsstörungen wie Müdigkeit, Konzentrationsstörungen, „Pickel", Hautprobleme, Kopfschmerzen, Lernstörungen und viele andere für normal halten und ihnen keinen Krankheitswert beimessen.

Wie kommt es zur Glutenunverträglichkeit?

Glutenunverträglichkeit und ihre schlimmste Form, die Zöliakie, sind ein zunehmendes Problem unserer Zeit.

Was ist eigentlich Gluten?
Gluten ist das Klebereiweiß in den „schweren“ Getreiden. Dazu gehören Weizen, Roggen, Gerste, Dinkel, Grünkern, Emmer, Einkorn und Kamut. Hafer ist sehr glutenarm, einige Sorten sollen sogar glutenfrei sein. Gluten klebt so gut, dass es in Kriegszeiten, als es den Menschen nahezu an allem fehlte, zum Ankleben der Tapeten an die Wände genutzt wurde.

Auch im Darm behält Gluten seine starke Klebeeigenschaften. Ein gesunder Darm hat einen natürlichen und effizienten Schutz gegen Gluten; den Darmschleim. Im gesamten Darmbereich produzieren kleine Drüsen einen wässrigen Schleim, der die Darmoberfläche vor Verdauungsenzymen, unerwünschten Bakterien und auch Gluten schützt. Gluten kann auf diesem Schleim nicht haften und rutscht ab wie auf einem Seifenfilm. Für den Schleimfilm benötigen die Drüsenzellen Wasser und andere Substanzen, die sie nur aus einer dünnflüssigen Lymphe beziehen können.

Ist die Lymphe aufgrund eines hohen Milcheiweißgehalts in Kombination mit Säuren verfestigt, entsteht eine acidotische Lymphblockade. Die Drüsenzellen können dieser verfestigten Lymphe nicht mehr genügend Wasser entziehen und daher keinen gesunden, dünnflüssigen Schleim mehr produzieren. Der Schleim wird zäh und bröckelig, ähnlich dem verfestigten Bronchialschleim bei einer Erkältung. Dieser Schleim kann keinen zarten, dünnen Schutzfilm auf der Darmoberfläche bilden. Er liegt in dicken Brocken auf den Darmzellen und lässt große Bereiche der Darmschleimhaut trocken und ungeschützt. An dieser ungeschützten Oberfläche kann der Klebstoff Gluten leicht andocken, festkleben und nicht mehr so leicht abgelöst werden.
Die Nährstoffaufnahme durch die Darmschleimhaut wird stark eingeschränkt. Vitamin- und Eisenmangel sind die ersten messbaren Folgen. Auch Symptome wie Blähungen, wechselnde Stuhlqualitäten wie Durch-

fall oder Verstopfung, Müdigkeit und Hautprobleme deuten auf eine Glutenbelastung hin. Wir sprechen dann von einer Glutenunverträglichkeit.

Wenn das Gluten abgestoßen wird, reißt auch immer ein kleines Stück der Darmzotte mit ab. So wird langsam, aber stetig die gesunde Darmoberfläche kleiner, die Nährstoffversorgung des Körpers immer schlechter.

Außer der acidotischen Lymphblockade wirken auch viele Medikamente und die mit den Jahren schwächer werdende Regenerationsfähigkeit des Körpers darmschleimhautzerstörend – somit ein weiterer Grund, sich mit zunehmendem Lebensalter glutenärmer zu ernähren.

Wird das auf der Darmschleimhaut aufgelagerte Gluten vom Immunsystem bekämpft und eitert ab, entwickelt sich aus der Glutenunverträglichkeit eine Zöliakie.

Mit einer glutenarmen Ernährung, bei Zöliakie mit einer absolut glutenfreien Ernährung, kann sich die Darmschleimhaut wieder erholen und regenerieren. Hinzukommen muss aber eine konsequent tiermilchfreie Ernährung, da sonst die Lymphe nicht mehr flüssig werden kann. Nur bei flüssiger Lymphe ist ein gesunder Darmschleim möglich. Es genügt allerdings nicht, laktosefreie Milch(-produkte) zu verzehren, da diese noch das volle Tiermilcheiweiß enthalten.

Die Glutenunverträglichkeit kann sich also nur mit einer konsequent tiermilchfreien und glutenarmen bzw. glutenfreien Ernährung verbessern oder gar ausheilen. So genannte leichte Getreide sind glutenfrei und – wie dieses Buch anschaulich und sehr schmackhaft zeigt – ein vollwertiger und genussvoller Ersatz für glutenhaltige Getreide. Glutenfrei sind z. B. Hirse, Quinoa, Amaranth, Mais, Reis, Kartoffeln, Maronen, Buchweizen. Diese Getreide gefährden die Darmgesundheit nicht – im Gegenteil, richtig angewandt sind sie sehr heilsam für den Darm!

Gentechnikfreie Lebensmittel

Die ACIDOSE-NATURKÜCHE legt Wert auf eine individuelle, gut verdauliche Kost, die den Darm und das Verdauungssystem entlastet sowie den Lymphfluss und die Gesundheit fördert.

Seit den 50er Jahren, den so genannten Wohlstandsjahren, haben sich unsere Ernährungsgewohnheiten deutlich und rasend schnell geändert. Zunächst begann nach Jahrzehnten des Hungers und des Mangels ein Leben im Nahrungsmittelüberfluss. Wer es sich leisten konnte, aß den Sonntagsbraten nun täglich. Diese Maßlosigkeit, in den ersten Jahren des Wirtschaftswunders durchaus verständlich, wurde zum Dauerzustand, der immer neue „Blüten" hervorbrachte. Die Lebensmittel sollten immer und jederzeit verfügbar sein, lange halten und schnell zubereitet werden können. Diesen Anforderungen entsprachen die Fertigprodukte, die in den 70er Jahren auf den Markt kamen: Nun wurden die Nahrungsmittel süßer, durch künstliche Farbstoffe bunter, durch künstliche Aromen und Geschmacksverstärker aromatischer und durch Konservierungsmittel haltbarer. Da das Kochen mit Fixprodukten keinerlei Vorkenntnisse erforderte, lernten viele junge Menschen das Zubereiten und Kochen natürlicher Lebensmittel gar nicht.

Die Ansprüche an die Lebensmittel stiegen weiter: Äpfel mit Flecken oder krumme Gurken, schnell welkender Salat oder nur kurz lagerfähige Tomaten ließen sich kaum noch verkaufen. Mit aggressiven Züchtungsverfahren wurden Gemüse und Obst ebenso wie Tiere – als Fleisch- und als Milchlieferanten – den Verbraucherwünschen angepasst. Natürliche Fortpflanzung und Selektion, wie es sie in der bäuerlichen Landwirtschaft immer gegeben hatte, wichen der technischen Fortpflanzungsplanung der industriellen Landwirtschaft.

Entsprechend der Forderung von Produzenten und Verbrauchern nach immer mehr, immer effektiveren und immer billigeren Produkten sollen heute mit Gentechnik und Nanotechnologie die Produktion bzw. die Zubereitung von Nahrungsmitteln revolutioniert werden. Auf der

Strecke bleiben dabei eine gesundheitsfördernde Lebensmittelerzeugung und unser Verdauungssystem.

Noch nie in der Geschichte der Menschheit musste sich unsere Verdauung so schnell und so radikal auf Neuerungen einstellen wie in den letzten 60 Jahren. Unser Verdauungssystem muss sich praktisch permanent mit neuen Einflüssen auseinandersetzen, die ihm keine Zeit zum Luft holen, Anpassen und Regenerieren lassen. Inzwischen hat jedoch auch die Industrie gemerkt, dass dieser Weg in eine Sackgasse führen wird. Beispielsweise verwendet sie heute statt künstlicher Aromen „natürliche" Aromen wie Himbeeraroma aus Buchenspänen oder Aromen aus Schimmelpilzkulturen. Buchen und Schimmelpilze kommen in der Natur vor und liefern deshalb „natürliche" Aromen.

Ein weiterer „Gesund"-Trend ist Functional Food, das bedeutet „Essen, das Aufgaben erfüllt". Mineralwasser für wenige Cent wird mit synthetischen Vitaminen und „natürlichen" Fruchtaromen versetzt und soll laut Herstellern die Vitamindefizite aufgrund unserer Fast-Food-Ernährung ausgleichen. Dieses synthetisch aufgewertete Wasser kostet nun einige Euro. Anstelle von Fisch können wir mit Omega-3-Fettsäuren angereichertes Brot essen und verringern so angeblich das Risiko eines Herzinfarktes. Die Liste ließe sich fortsetzen . . .

Der neueste Trend der Lebensmitteltechnologie heißt Nanotechnologie. Dabei werden Chemikalien so extrem verkleinert, dass sich ihre chemischen und physikalischen Eigenschaften verändern. Geschmack, Konsistenz und Farbe eines Lebensmittels sind dann jederzeit änderbar. So kann beispielsweise eine mit Nanotechnologie bearbeitete Pizza als Pizza Hawaii, als Salami-Pizza oder als Spinat-Pizza gegessen werden. Man wählt nur die entsprechende Backtemperatur oder Mikrowelleneinstellung und schon erhält man die Pizza in der Geschmacksrichtung, auf die man gerade Appetit hat – praktisch, oder?

Nanotechnologie wird heute schon zum Herstellen von Ketchup, Pulvern und Salatdressings eingesetzt. Sie unterliegt nicht der Kennzeichnungspflicht. Da Nanopartikel andere Eigenschaften haben als ihre „großen" Verwandten, sie zum Beispiel Zellwände einfach durchschreiten können, ist noch völlig unklar, was sie im Stoffwechsel anrichten und was passiert, wenn sie in das Gehirn eindringen.

Gentechnik überschreitet Artengrenzen, was in der Natur nicht möglich ist und mit Züchtung nichts mehr gemeinsam hat. Ein Beispiel: Menschliche Wachstumsgene werden in Lachseier eingeschleust, sodass der Lachs nun in großen Mengen menschliche Wachstumshormone produziert. Er wächst drei Mal so schnell wie ein normaler Lachs, wird wesentlich größer und vergreist und stirbt in einem Alter, in dem andere Lachse gerade die Geschlechtsreife erlangen. Wie wirkt sich dies auf Menschen, insbesondere auf Kinder aus, die diesen Lachs mit extrem viel menschlichem Wachstumshormon verzehren?

Diese Beispiele sollen zeigen, wie sehr die Produktion die Qualität unserer Nahrungsmittel beeinflusst und sich auf unsere Gesundheit auswirkt. Unser Verdauungssystem und unser Stoffwechsel, die Jahrhunderte Zeit zur Anpassung an andere Nahrung hatten, werden seit den Nachkriegsjahren im Zeitraffer mit all diesen extremen Neuerungen konfrontiert – sie sind ihnen hoffnungslos unterlegen.

Die ACIDOSE-NATURKÜCHE stärkt die Verdauungsleistung und fördert die Gesundung der Lymphe – dass die moderne, konventionelle Nahrungsmittelproduktion diesen Zielen dient, darf bezweifelt werden.

Fragen querbeet

Wie lange benötige ich zum Entsäuern?

Auch hier ist abzuklären:

Ihre individuelle Konstitution
Wie leben Sie?
Haben Sie viel Streß?
Ernähren Sie sich basenüberschüssig?

Die Erfahrung hat gezeigt, dass wir es heute aufgrund von Klimawandel, saure Böden, verschmutzter Luft, Elektrosmog, gekippten Gewässern etc. generell schwerer haben, unseren Säure-Basen-Haushalt im Gleichgewicht zu halten. Deshalb empfehle ich zweimal jährlich eine SÄURE-FASTEN® Kur. Auch Kinder und ältere Menschen können mitmachen, da der Ernährungsplan sehr ausgewogen ist.
Da die Entsäuerung sehr individuell verläuft, kann ich hier keine pauschale Antwort geben.

Wie bringe ich meiner Familie die ACIDOSE-NATURKÜCHE nahe?

Auch hier gilt der Grundsatz: „Was dem einen gut tut, muss dem anderen nicht automatisch auch gut tun." Sie sollten einen neuen Ernährungsweg nicht mit Druck in die Familie einführen. Wichtig ist: gesunde Kost muss schmecken. Wenn ich etwas wegnehme, z. B. die Tiermilch, dann muss ich es ersetzen, z. B. durch pflanzliche Milch. Ihr positives Vorleben wird die Familienmitglieder neugierig machen und inspirieren.

Ich bin berufstätig und habe wenig Zeit zum Kochen. Wie setze ich die ACIDOSE-NATURKÜCHE im Alltag um?

Das ist eine Organisationsfrage. Sie können am Vorabend Ihre Speisen für den nächsten Arbeitstag vorbereiten, z. B. Gemüsesalat mit Reis, Obstsalat, grünen Salat mit separat abgefülltem Dressing. Oder eine Wohlfühlsuppe vorbereiten. Oder Sie kennen vielleicht die Antipasti, die in italienischen Restaurants in der Vitrine angeboten werden. Alle Speisen schmecken auch zimmerwarm sehr gut.

Was gebe ich aufs Brot, wenn ich keinen Käse essen darf?

Es gibt wunderbare Gemüseaufstriche, die Sie sich selber zubereiten können (siehe Rezeptteil), Sie können frisches Gemüse aufs Brot geben. Nicht zu vergessen: Wurst ohne Milcheiweiß ist in der ACIDOSE-NATUR-KÜCHE in Maßen erlaubt. Fisch und Eier stehen ebenfalls zur Verfügung. Aber denken Sie daran: Brot ist dazu da, den Teller zu reinigen, die Soße aufzutunken. Wir essen hier in Mitteleuropa viel zu viel Brot.

Darf ich nie mehr Schokolade, Eis, Käse oder Ähnliches essen?

Wenn Sie tiermilcheiweißfrei essen möchten und damit Ihrer Gesundheit einen großen Gefallen tun, werden Sie Produkte, die aus Tiermilch bestehen, nicht mehr essen. Auch hier gilt die Regel: „Was ich entziehe, ersetze ich durch Gutes." Die Rezepte in diesem Buch ermöglichen dies. Die vegane Ernährungsrichtung hat schon lange sehr guten tiermilchfreien Ersatz für Schokolade, Schokobrotaufstriche, Eis, Pudding, Joghurt und vieles mehr.

Was halten Sie vom Schnellkochtopf?

Ich selbst habe in meiner Küche keinen Schnellkochtopf, da ich der Meinung bin, dass vor allem Hülsenfrüchte, die lange schonend köcheln wie früher bei Großmutter auf dem Holzofen, besser schmecken. Das gilt auch für Fleisch und Getreide. Natürlich spart der Schnellkochtopf Zeit in der Küche, aber auch Garprozesse sind eine Form von „Reifung" und „Entfaltung", die ihre Zeit brauchen. Probieren Sie es einfach selbst aus.

Muss ich Zwischenmahlzeiten einhalten?

Nein. Das alte Sprichwort „Morgens essen wie ein Kaiser, mittags wie ein König und abends wie ein Bettelmann" hat seine Berechtigung.
Diese 3 Mahlzeiten ausgewogen zusammengestellt und in Ruhe gegessen, führen zu harmonischem Wohlbefinden.
Ausnahme: sehr dünne, durch Krankheit ausgezehrte Menschen. Ihnen empfehle ich für einige Wochen in der Aufbauphase, um 10:30 Uhr und 15:30 Uhr ein gekochtes Getreidemus aus leichten Getreiden, das reichlich Nährstoffe enthält, zu sich zu nehmen.

Darf ich Nachtschattengewächse essen?

Zu den Nachtschattengewächsen zählen unter anderem Kartoffeln, Tomaten, Paprika und Auberginen. Ich meine, dass Lebensmittel unseren Körper sehr stark beeinflussen, z. B. ist die Kartoffel sehr erdig, plump, fest. Das heißt, für Menschen, die eher schwerfällig wirken, eignet sie sich auf die Dauer eher nicht. Besser wären hier Hirse oder Reis. Gleichzeitig kann die Kartoffel Menschen auch sehr gut erden. Sie enthält sehr viele Mineralien und sehr viel Vitamin C und ist deswegen aus der basischen Küche nicht mehr wegzudenken. Anhand dieses Beispiels möchte ich nochmals aufzeigen, dass wir alles, was uns unser Schöpfer gegeben hat, nutzen dürfen: in Maßen und zum richtigen Zeitpunkt.

Darf ich Ziegenkäse, Schafskäse, Butter und Sahne essen?

Diese Theorie stammt aus der Anfangszeit der Ernährungslehren zur Regulierung des Säure-Basen-Haushalts, als man der Meinung war, Milcheiweiß aus Schafs- und Ziegenkäse würde besser verstoffwechselt als Kuhmilcheiweiß. Butter und Sahne wurden wegen ihres hohen Fettgehaltes und geringeren Milcheiweißgehaltes erlaubt. Im Laufe der letzten Jahrzehnte hat sich aber gezeigt, dass nur durch das konsequente Weglassen des Tiermilcheiweißes ein bleibender Erfolg erzielt werden kann. Nur das Weglassen führt zum Wohlsein, zum Fluss der Lymphe und somit zur Gesundheit.

Kann ich Sauerkraut auch aus der Dose verwenden?

Sauerkraut aus der Dose ist meist pasteurisiert, somit sind die rechtsdrehenden Milchsäurebakterien nicht mehr vorhanden. Besser ist es, Sauerkraut selbst einzulegen oder beim Kauf, z. B. auf dem Bauernmarkt, zu fragen, ob es im Holzfass angesetzt wurde. Alle vergorenen Gemüsearten dürfen nicht pasteurisiert sein, um den guten Effekt für die Gesundheit zu erhalten.

Wo bleiben die Vitamine, wenn ich alles koche?

In der ACIDOSE-NATURKÜCHE wird das Gemüse schonend gedämpft, um Vitamine weitgehend zu erhalten und die Mineralien nicht auszulaugen.

Ausreichend Vitamine erhalten Sie außerdem über Vergorenes, das zu jeder Speise gereicht wird. Ume und Miso sind auch Vergorenes und eine Bereicherung der Vitaminzufuhr.

Warum verträgt mein Partner Tiermilch und ich nicht?

Es gibt Menschen, die sofort auf Tiermilcheiweiß sensibel reagieren, weil die Selbstheilungskräfte des Körpers Alarm schlagen, z. B. mit Durchfall, Verschleimung, Kopfweh, Unruhe, Magenproblemen, Hautausschlag. Die maskierte Allergie auf Tiermilcheiweiß, die über Jahre und Jahrzehnte latent vorhanden ist, zeigt sich in Problemen wie verstärkter Verhornung etwa an den Fersen, chronischen Niere-Blasen-Entzündungen, ständigen Anginen, Mittelohrentzündungen, Nabelkoliken, Fibromyalgie bis hin zu schwersten Erkrankungen. Prinzipiell führt Tiermilcheiweiß bei jedem Menschen zu einer acidotischen Lymphblockade. Maßgebend ist jeweils, dass die individuelle Konstitution und Stoffwechsellage den Verlauf prägen.

Wenn ich Kuchen esse, worauf muss ich dann aufpassen?

Natürlich ist in Kuchenteig meistens Milcheiweiß enthalten, da viele Mehlmischungen Molkepulver enthalten.
Auch im Teig oder im Belag sind häufig Tiermilchprodukte wie Butter, Sahne oder Joghurt verarbeitet.

Sind Bulghur und Couscous glutenhaltig?

Bulghur* und Couscous* werden in Europa meistens aus Weizen angeboten. In Afrika wird Couscous auch aus Hirse hergestellt. In meiner langjährigen Praxis hat sich gezeigt, dass bei einer Glutenunverträglichkeit Bulghur und Couscous aus Weizen gut vertragen werden. Testen Sie mal eine kleine Portion für sich selbst aus.

Muss ich die Wohlfühlsuppe am Morgen essen?

Die Morgensuppe ist das Beste, was Sie für sich tun können. Am Morgen spendet die Wohlfühlsuppe die ersten Basen, die die Nieren durchfluten. Das beigefügte Miso in Ihrer Suppe wirkt sich wohltuend auf Ihre

Darmschleimhaut und Darmflora aus. Wie schon unsere Vorfahren schätzen auch heute noch die Menschen in vielen östlichen und afrikanischen Ländern diese Wohlfühlsuppe als Tagesauftakt. Das Continental-Frühstück, wie wir es kennen, gibt es erst seit ca. 100 Jahren.

Wie präzise muss ich die ACIDOSE-NATURKÜCHE durchführen?

Wenn Sie die ACIDOSE-NATURKÜCHE praktizieren, werden Sie Leichtigkeit, Kreativität und Einfachheit spüren und erleben. Jeglicher Perfektionismus legt sich mit der Zeit. Sie werden Spaß haben, mit Naturprodukten umzugehen.

Wie viel Obst muss ich täglich essen, um gesund zu bleiben?

Gesundheit ist nach meiner Meinung weniger abhängig von den Vitaminen als von einem ausgewogenen Mineralhaushalt.
In der ACIDOSE-NATURKÜCHE empfehlen wir pro Tag 1 Stück gut ausgereiftes Obst, welches gut gekaut und eingespeichelt werden sollte. Optimal: Obst aus der Region und der Saison. Bei Darmproblemen und Allergien, wie schon in den Rezepten erklärt: das Obst dünsten. Achten Sie auf alte, einheimische Obstsorten.

Was halten Sie von frisch gepressten Säften?

Frisch gepresste Säfte schmecken sehr gut. Achten Sie darauf, besonders bei Kindern, die Säfte stark zu verdünnen: mindestens 1:3 (das heißt 1 Teil Saft und 3 Teile Wasser). Seien Sie sich bewusst, dass z. B. ein Glas Orangensaft den Saft von 4-5 Orangen enthält. Jeder Saft ist ein Fruchtkonzentrat! Besser, als einen Saft zu trinken, ist es, die Frucht selbst zu essen, gut eingespeichelt. Sie werden spüren, dass – um beim Beispiel zu bleiben – bereits 1 Orange sättigt und gleichzeitig gesunde Ballaststoffe mitliefert. Die alten Chinesen sagten: „Wir sollen das Feste trinken (= so lange kauen und einspeicheln, bis es breiig-flüssig ist) und das Flüssige kauen (= Getränke nicht einfach schlucken, sondern im Mund wie feste Speisen mit Speichel vermengen)."

Wie verhalte ich mich im Restaurant und bei Einladungen?

Mein Tipp aus langjähriger eigener Erfahrung: Versuchen Sie Ihre Mitmenschen nicht zu Ihrer eigenen individuellen Ernährungsrichtung zu bekehren. Bei Einladungen können Sie z. B. höflich eine Sahnesoße ablehnen und dafür um mehr Gemüse oder Salat bitten. Das üppige Milchdessert können Sie gegen einen einfachen Espresso oder Tee tauschen. So erhalten Sie bei Ihren Gastgebern die gute Laune. In einem guten Restaurant erfragen Sie beim Koch oder der Bedienung die Zubereitung der Speisen. Wenn der Koch für jede Bestellung frisch kocht, wird es kein Problem sein, Tiermilcheiweißprodukte durch pflanzliche Produkte zu ersetzen, z. B. Olivenöl anstelle von Sahne oder Butter. In der Stille liegt die Kraft. Sie sollten Ihren eigenen Willen und Ihre Wünsche in Ruhe umsetzen, aber niemals aus Höflichkeit Ihren Prinzipien untreu werden.

Was halten Sie von Frischkornbrei für das Morgenmüsli?

Frischkornbrei ist ungekochtes Getreide, das über Nacht eingeweicht wurde. Ein Müsli aus Frischkornbrei ist für den Darm relativ schwierig zu verdauen. Ein gesunder Darm besitzt eine große Verdauungsstärke und ist dieser Aufgabe gewachsen.
Wenn Sie eine Verdauungsschwäche haben und auf Frischkornbrei mit Blähungen oder Bauchschmerzen reagieren, sollten Sie einen Brei aus gekochten, leichten Getreiden vorziehen.

Wie viel muss ich am Tag trinken?

Diese Frage ist individuell und hängt von Ihrer Ernährung ab. Wenn Sie viel Obst, Gemüse, Salate und Suppen zu sich nehmen, haben Sie schon einen hohen Flüssigkeitsanteil in Ihrer Nahrung. Trinken Sie, wenn Sie Durst haben. Aber erst mit einer ausgewogenen basischen Ernährung entwickeln Sie auch wieder ein gesundes Durstgefühl.

Danke

möchte ich nochmals allen sagen, die in den vergangenen Jahren in meinen Seminaren und Schulungen zur Acidose-NaturKüche mitgewirkt haben.

Dies sind vor allem viele Praktiker, Therapeuten und Seminarteilnehmer, die mir mit ihrer Neugier und eigenen Aktivitäten oft Impulse gaben, neue Ideen in die Tat umzusetzen.

Herzlichen Dank

meiner Tochter Svenja, die vieles kritisch hinterfragt und mich bei der Arbeit begleitet. Sie ist der Mensch, der in mir den Funken und die Inspiration entfachte, meine Vision in die Tat umzusetzen und dabei auch selbst zu gesunden,

meinem Lebensgefährten Dr. med. A.H. Barth, der meine Arbeit tatkräftig unterstützt, reflektiert und sie auf kritisch-konstruktive Weise mitgestaltet,

Doris Hartwig, die versiert die praktischen wie die theoretischen Kenntnisse von Potamos unermüdlich mit mir durchleuchtet und erarbeitet,

meinen langjährigen Wegbegleitern und Freunden, die von meiner Arbeit überzeugt sind und mich immer hilfsbereit unterstützt haben:
Wolfgang Goy, Norbert Messing, Joachim Schulte, Marianne Schütz und Christian Thalmaier.

Königin der Nacht

Glossar

Acidose-LymphMassage	Basismassage zur Ganzkörperaktivierung, von Rosemarie Holzer auf der Grundlage der Therapien von Dr. med. Renate Collier und der Erkenntnisse von Dr. med. A.H. Barth entwickelt.
Acidose-NaturKüche Praktiker	Von Potamos® in der Acidose-NaturKüche praktisch Ausgebildete.
Acidotische Lymphblockade	Stauung und Verfestigung der Zwischenzellflüssigkeit aufgrund von Übersäuerung (= Acidose) in Verbindung vor allem mit Tiermilcheiweiß.
Agavendicksaft	Natürliches Süßungsmittel, das aus der vor allem in Mexiko angebauten „blauen Tequila Agave" gewonnen wird.
Alfalfa	Amerikanische (ursprünglich arabische) Bezeichnung für die Luzerne, meist als Sprossen in Salaten verwendet. Alfalfa-Sprossen haben einen nussartigen Geschmack.
Alsan	Markenname einer milcheiweißfreien Pflanzenmargarine auf der Basis von Palm-, Kokosfett und Sonnenblumenöl, butterähnlicher Geschmack.
Anis	Gewürz aus den getrockneten Früchten des Doldengewächses Pimpinella anisum, verwendet vor allem in Brot und (Weihnachts-)Backwaren, in Schnäpsen und Likören, z. B. Ouzo, Raki, Pastis.
Beluga-Linsen	„Kaviar der Vegetarier": besonders kleine und feine schwarze Linsen, die in Nordamerika angebaut werden; brauchen nicht eingeweicht zu werden.
Biologisch-dynamische Wirtschaftsweise	Bewirtschaftung nach anthroposophischen Grundsätzen. Die Produkte werden unter der Marke Demeter vertrieben, während der Umstellungsphase unter der Marke Biodyn. Demeter-Produkte garantieren den Verzicht auf synthetische Dünger, chemische Pflanzenschutzmittel und künstliche Zusatzstoffe in der Weiterverarbeitung sowie eine gezielte Förderung der Lebensprozesse im Boden und in der Nahrung. Für die Viehhaltung sind Demeter-Bauern verpflichtet, 100 % Bio-Futter zu verwenden. Dagegen dürfen Lebensmittel mit dem EU-Bio-Zeichen bis zu 30 % konventionell hergestellte Zutaten enthalten! Diese Lebensmittel dürfen als „kontrolliert biologisch" deklariert sein.
Bitba® Bitter-Basen-Pulver	Basenpulver mit Mineralstoffen und Kräutern nach Dr. med. A.H. Barth für einen ausgeglichenen Säure-Basen-Haushalt.

Boxhornklee	Altes bitteres Gewürz, das im Mittelalter vielfach als Heilkraut angebaut wurde. Bockshornklee wird hauptsächlich im Mittleren Osten und in Indien in vegetarischen Gerichten verwendet und ist Bestandteil von gutem Currypulver. Sein europäischer Verwandter ist der Schabzigerklee.
Brotgewürz	Gewürzmischung zum Würzen von Brot- und Brötchenteig; Hauptzutaten meist Koriander, Kümmel, Anis und Fenchel.
Bulghur, Bulgur	Ein Hauptnahrungsmittel im Vorderen Orient aus gekochtem, getrocknetem und dann fein oder grob zerkleinertem (Hart-)Weizen. Bulghur enthält noch den Getreidekeim und ist daher reich an Ballaststoffen, Eiweiß (Achtung: Gluten!) und Vitaminen.
Couscous, Kuskus	Grundnahrungsmittel der nordafrikanischen Küche aus befeuchtetem und zu Kügelchen zerriebenem Grieß von Hirse, (Hart-) Weizen oder Gerste. Couscous wird zum Garen nicht gekocht, sondern über kochendem Wasser oder einem kochenden Gericht gedämpft.
Darmflora	Gesamtheit der Mikroorganismen, vor allem Bakterien, die den Darm besiedeln; wichtig für Immunsystem und Abwehr von Krankheitserregern.
Darmschleimhaut	Innere Auskleidung des Darmes; enthält Drüsen zur Bildung von Darmsaft, Enzyme zur Spaltung von Nährstoffen, Zellen zur Aufnahme der Nährstoffe und zur Abwehr von Krankheitserregern.
Darm-Situs	Lage des Darms im Bauchraum.
Erdmandelnüssli	Erdmandeln, auch Tigermandeln oder Chufas genannt, sind die Erdknollen von Cyperus esculentes, die im Mittelmeerraum, in Afrika, Amerika und Asien angebaut werden; in Form von Getreideflocken erhältlich.
Folsäure	= Vitamin B9 (Deutschland, USA), Vitamin B11 (weltweit) oder Folat; vor allem enthalten in Vollkornprodukten, grünem Blattgemüse und Nüssen.
Fibromyalgie	Chronische Schmerzkrankheit mit Symptomen im Gelenk- bzw. Bewegungsapparat, oft mit Schmerzen in allen Körperbereichen, insbesondere bei Belastung.
Galgant	Schon Hildegard von Bingen verwendete dieses die Verdauung stärkende scharfe Gewürz aus der Familie der Ingwer.
Gemüsebrühe, gekörnt	Konzentrat für Brühe. Gute Gemüsebrühen enthalten neben Salz einen hohen Anteil an gemischtem Gemüse, vor allem Wurzelgemüse (Suppengrün) und Kräutern.
Gewürzmischung(en)	Die in den Rezepten genannten Gewürzmischungen sind Produkte aus kontrolliert biologischem Anbau, die Sie in Ihrem Bioladen erhalten.

Ghee	Ausgelassene Butter, geklärte Butter, Butterschmalz. Ghee ist aus Butter durch Entfernen von Wasser und Milcheiweiß gewonnenes Butterreinfett.
Gluten, -frei, -haltig	Gluten (= lat.: Leim) ist das Klebereiweiß in Getreide, das entscheidend für die Backeigenschaft von Mehlen ist. Gluten ist beispielsweise in Roggen, Weizen, Gerste, Dinkel, Grünkern, Emmer, Einkorn, Kamut und verwandten Getreidesorten enthalten. Glutenfrei sind Samen und Getreide ohne Klebereiweiß wie Reis, Hirse, Quinoa, Amaranth, Mais, Teff, der so genannte Wildreis und Buchweizen.
Guarkernmehl, Guar	Verdickungsmittel aus dem Samen der Guarpflanze, vor allem für Backwaren, Marmeladen und Desserts.
Haltungs- und Typenlehre	Basiert auf der „Visuellen Diagnostik nach Potamos®". Aus der Haltung von Menschen (Haltungsschäden) lassen sich Lymphblockaden und deren Entstehung erkennen.
Halva	Süße Spezialität aus dem arabischen Raum, deren Grundmasse aus Sesam, Zucker, Honig und Pflanzenöl besteht. Variiert wird Halva durch Zugeben von Erdnüssen, Walnüssen, Kakao, Mandeln oder Pistazien. Die türkische Halva wird aus Sesammus (Tahina) hergestellt.
Hokkaidokürbis	Eine von der japanischen Insel Hokkaido stammende kleine orangerote Kürbissorte mit nussigem Aroma. Die dünne Schale wird beim Kochen weich und kann mitverzehrt werden, die Kerne müssen jedoch entfernt werden. Der Hokkaidokürbis harmoniert besonders gut mit Ingwer und Chili.
Ingwer	Tropische Gewürzpflanze mit brennend scharfem Geschmack. Das ätherische Öl der frischen Ingwerwurzel wirkt verdauungsfördernd und antibakteriell. Als Gewürz wird Ingwer auch getrocknet als Pulver verwendet.
Johannisbrotkernmehl, Caroben-, Karubenmehl	Verdickungsmittel aus dem gemahlenen Samen des immergrünen Johannisbrotbaumes. Es dient als Backhilfsmittel in glutenfreiem Brot. Unter der Nummer E 410 ist es in Deutschland uneingeschränkt als Lebensmittelzusatzstoff zugelassen.
Kapern	Die eingelegten Blütenknospen des Echten Kapernstrauches oder als „falsche Kapern" von der Kapuzinerkresse, verwendet vor allem für Königsberger Klopse.
Kapuzinerkresse	Gewürzpflanze mit leicht scharfem Geschmack. Verwendet werden Blätter und Blüten.

Kardamom	Asiatisches Gewürz aus der Familie der Ingwergewächse mit leicht scharfem, balsamischem Geschmack. Verwendet wird die Frucht vor allem als Lebkuchengewürz, auch im indischen Chai-Tee.
Kokosfett	Aus dem Kernfleisch der Kokosnuss durch Pressen oder Raffination gewonnenes weißes Plattenfett mit nussartigem Geschmack; eignet sich zum Backen und Braten bei hohen Temperaturen.
Kurkuma	Gelbwurz. Frisch hat der Wurzelstock einen harzigen, leicht brennenden Geschmack, getrocknet schmeckt er mildwürzig und etwas bitter; wegen der Gelbfärbekraft wesentlicher Bestandteil von Currypulver.
Kuzu	Ein sehr feines, geschmacks- und geruchsneutrales Bindemittel aus den Wurzeln eines in Japan beheimateten Leguminosengewächses (Pueraria lobata). Kuzu ist leicht verdaulich und kann für herzhafte und süße Gerichte verwendet werden. Bitte unbedingt in kaltem Wasser anrühren.
Kwass	Traditioneller russischer Brottrank aus vergorenem Vollkornbrot. Bei der Gärung entstehen probiotische Milchsäurebakterien.
Latente Acidose	Latent = lat.: versteckt, Acidose = Übersäuerung. Übersäuerung der Lymphe/des Gewebes, die im Blut nicht direkt erkennbar ist.
LGB THERAPEUT	Mehrjährige intensive POTAMOS® Ausbildung, die die Ausbildung zum SÄURE-FASTEN® PRAKTIKER einschließt.
Lymphologische Ganzheitstherapie	Die von Dr. med. A. H. Barth entwickelte Lymphologische Ganzheitstherapie ist eine tief greifende Behandlungsmethode, die die Körperfunktionen insgesamt verbessert und insbesondere bei schweren, chronischen Erkrankungen zu erstaunlichen Heilungsprozessen führt. Die LGB bringt den gesamten Lymphfluss wieder in Bewegung und fördert den Abbau von acidotischen Lymphblockaden.
Milchsäurebakterien	Milchsäurebakterien (Laktobazillen) sind Bakterien, die durch Gärung Zucker zu Milchsäure abbauen. Sie gehören zu den wichtigsten Vertretern der menschlichen Darmflora. Verschiedene Arten und Unterarten werden zur Konservierung von Lebensmitteln, z. B. Sauerkraut, und beim Backen, z. B. im Sauerteig, eingesetzt.
Miso	Milchsauer vergorene Paste aus Sojabohnen, Salz und meist einer Getreideart. Miso enthält alle essentiellen Aminosäuren, wichtige Mineralstoffe und Vitamin B 12. Es ist fast unbegrenzt haltbar. Miso ist fundamentaler Bestandteil der japanischen Küche, wo Millionen Menschen den Tag mit einer Misosuppe beginnen. In Japan gibt es mehr als 50 Sorten, in Deutschland im wesentlichen Reismiso (Genmai-Miso), Gerstenmiso (Mugi-Miso), Sojabohnenmiso (Hatcho-Miso) und Kichererbsenmiso.

Nelken	Gewürznelken, Nägelein. Stark duftende und brennend scharf schmeckende getrocknete Blütenknospen des Gewürznelkenbaums; vor allem für Marinaden, Saucen, Fleisch- und Fischgerichten, Lebkuchen; Bestandteil von Currypulver.
Nori, Noriflocken	Getrocknete und später geröstete Rotalge. Die dunkelgrünen quadratischen, papierartigen Blätter werden vor allem zum Umwickeln von Sushi-Rollen verwendet. Noriflocken sind zerriebene Nori-Algen.
Palmfett	Festes Fett aus den Samen der Ölpalme; ähnlich dem Kokosfett, aber mit höherem Ölsäuregehalt.
Pfeilwurzmehl	Engl. ‚Arrowroot'. Stärkemehl aus den Wurzeln und Knollen bestimmter tropischer Stauden wie Cassave, Maniok, Maranta.
Piment	Nelkenpfeffer. Scharf-würziges Gewürz aus den unreifen Baumfrüchten, schärfer als Gewürznelken.
Pistazien	Steinfrucht des Pistazienbaumes, meist geröstet und gesalzen, geschält oder ungeschält als Knabberei. Der Geschmack ist süßlich, mandelartig.
Pneuma	Griech.: Geist, Hauch, Luft, Atem, die Seele
Pökeln, gepökelt	Konservierungsmethode mit Meersalz, ursprünglich für Fleisch und Fisch. Gepökelter Fisch wird heute als gesalzen oder gebeizt bezeichnet.
Polenta, -grieß	Maisgrieß. Kleinkörnig gemahlener Mais als Grundlage für Brei.
POTAMOS® Anatomieatlas	Von Dr. Karin Wagner kunstvoll gemalte Anatomiebilder aus POTAMOS® Schulungsunterlagen.
Praktiker	Absolventen des POTAMOS® AUSBILDUNGSCENTRUMS in den Ausbildungsgängen Acidose-NaturKüche, SÄURE-FASTEN® oder LYMPHMASSAGE.
Quinoa	Inkareis, Andenhirse. Glutenfreies „Pseudo"getreide aus Südamerika mit hohem Gehalt an Eiweiß, Magnesium und Eisen.
Reismalz, -sirup	Aus Vollreis hergestelltes Süßungsmittel, ähnlich dem Rübensirup.
Röhrlinge	Pilzart, zu der auch Steinpilze, Butterpilze und Maronen(röhrlinge) gehören.
Sago	Geschmacksneutrales Verdickungsmittel aus granulierter Stärke. Für 1 Tasse fertiges Sago wird ½ Tasse Sago in 1 Tasse Wasser unter ständigem Rühren sämig gekocht.
Säure-Basen Haushalt	Grundregulationssystem für den Stoffwechsel der Lebewesen. Für einen normalen Stoffwechsel ist ein Gleichgewicht zwischen Säuren und Basen erforderlich.

SÄURE-FASTEN® PRAKTIK	Integrierte Methode nach Rosemarie Holzer, die eine individuell abgestimmte Ernährung, Entspannung und die ACIDOSE-LYMPH-MASSAGE umfasst und den Lymphfluss fördert.
Schabzigerklee, Zigerkraut, Brotklee	Eine aromatisch, ähnlich wie Liebstöckel duftende Steinklee-Art, vor allem zur Herstellung von Zigerkäse. In Südtirol ist er unter dem Namen Zigainerkraut das typische Brotgewürz für Vinschgauer Fladenbrot und Schüttelbrot.
Shoyu	Traditionell japanische mild-würzige Sojasoße aus Sojabohnen und Weizen.
Sour Supreme	Markenname eines veganen Sauerrahms/Schmands.
Süße Küche	Fertige Gewürzmischung aus Zimt, Apfel und Anis für Süßspeisen und Gebäck.
Süßkartoffel	Von dieser zu den Windengewächsen gehörenden Pflanze werden vor allem die unterirdischen Speicherwurzeln als Nahrungsmittel genutzt. Sie ist reich an Mineralstoffen und Vitaminen sowie den Spurenelementen Eisen und Zink. Sie kam im 16. Jh. aus Lateinamerika nach Mitteleuropa; heute ist China größter Produzent.
Suribashi	Ein innen mit Rillen versehener Mörser aus glasiertem Steingut. Mit einem Holzstößel (Surikogi) benutzt man ihn zum Zerstoßen und Pürieren verschiedener Speisen, z. B. für Aufstriche, Soßen und Dressings.
Tahin(a)	Paste aus feingemahlenen Sesamkörnern.
Tamari	Kräftige Sojasoße nur aus Sojabohnen, die bei der Herstellung von Sojabohnenmiso* entsteht.
Tandoori, Tanduri	Bezeichnung für ein im „Tandur“, engl. Tandoor, zubereitetes Gericht. Der Tandur ist ein in Indien und Südostasien benutzter zylindrischer Holzkohleofen. Die Gewürzmischung Tanduri Masala besteht etwa zu gleichen Anteilen aus gemörsertem Kreuzkümmel, Koriander, rotem Cayennepfeffer und einigen Tropfen roter Speisefarbe.
Teff	Sehr alte äthiopische Hirseart mit hohem Eisen- und Calciumgehalt; enthält kein Gluten.
Tempeh	Aus Indonesien stammendes, sehr bekömmliches Nahrungsmittel aus fermentierten ganzen gelben Sojabohnen. Tempeh enthält alle essenziellen Aminosäuren, Ballaststoffe und viele Vitamine, auch B12. Sein Geschmack ist mehlig-nussig.
Tofu	Eine wertvolle Eiweißquelle aus gekochten Sojabohnen mit dem traditionellen Gerinnungsmittel Nigari. Der so genannte Sojaquark wird zu Blöcken gepresst. Tofu wird natur, geräuchert oder mariniert angeboten. Von besonders zarter Konsistenz ist Seidentofu, der für Süßspeisen verwendet wird.

Ume-Boshi, Ume-Paste, Ume Su	Für diese salzige Speisewürze werden die Früchte (eine Aprikosenart) des Ume-Baumes mit Salz und Shisoblättern 1-2 Jahre in Fässern gepökelt und dann getrocknet. Ume-Paste besteht aus entkernten und zerdrückten Umeboshi-Aprikosen. Der Saft, der beim Einsäuern der Ume-Boshi entsteht, wird als Ume-Essig (Ume-Su) verwendet.
Visuelle Diagnostik	Methode, um anhand äußerer Zeichen im Gesicht und am Körper organische Störungen zu erkennen. Oft zeigen äußere Zeichen diese schon lange an, bevor sie durch klinische Untersuchungen festgestellt werden.
Wachtelbohnen	Kleine Bohnen, die wie Wachteleier gesprenkelt sind. Nehmen beim Kochen den Geschmack anderer Zutaten an.
Weinsteinbackpulver	Natürliches Backpulver aus den Salzen der Weinsäure und Natron.
Zimtbrand	Brennschnaps mit Zimtaroma.
Zöliakie, Sprue	Erkrankung des Dünndarms mit Unverträglichkeit des Klebereiweißes Gluten und glutenhaltiger Lebensmittel.

Erläuterungen:

Wenn nur „Sojasoße“ als Zutat angegeben ist, verwende ich Shoyu*.

Bei der Zubereitung von Backwaren gelten die Temperaturen im Allgemeinen für Ober-/Unterhitze.

Aus lebensmittelrechtlichen Gründen darf nur Tiermilch als „Milch“ verkauft werden. Pflanzenmilch wird im Handel als Drink bezeichnet, z. B. Soja-Reis-Drink oder Haferdrink. In diesem Buch verwende ich jedoch die in der Küche üblichen Ausdrücke mit -milch, also Reismilch.
Ich empfehle Gewürze und Gewürzmischungen aus biologisch-dynamischer Wirtschaftsweise*.

Elisabeta Ana Marie Chereches, die Malerin des Lebensbaumes (Seite 8), im Gespräch mit der Autorin

Die Künstlerin versucht, in ihrem Werk die Harmonie des Lebens farbenfroh zum Ausdruck zu bringen.

Das Bild „Lebensbaum“ symbolisiert unsere Herkunft (Wurzel), Vater und Mutter (Stamm), Jahreszeiten und Lebensalter (Krone). Der Baum ist eingebettet in die heimatliche Natur, den Ort unserer persönlichen Entwicklung. Der Lebensweg führt über die gelb blühenden Felder ins Licht.

Rezeptverzeichnis

Das POTAMOS® Concept

Die Schule

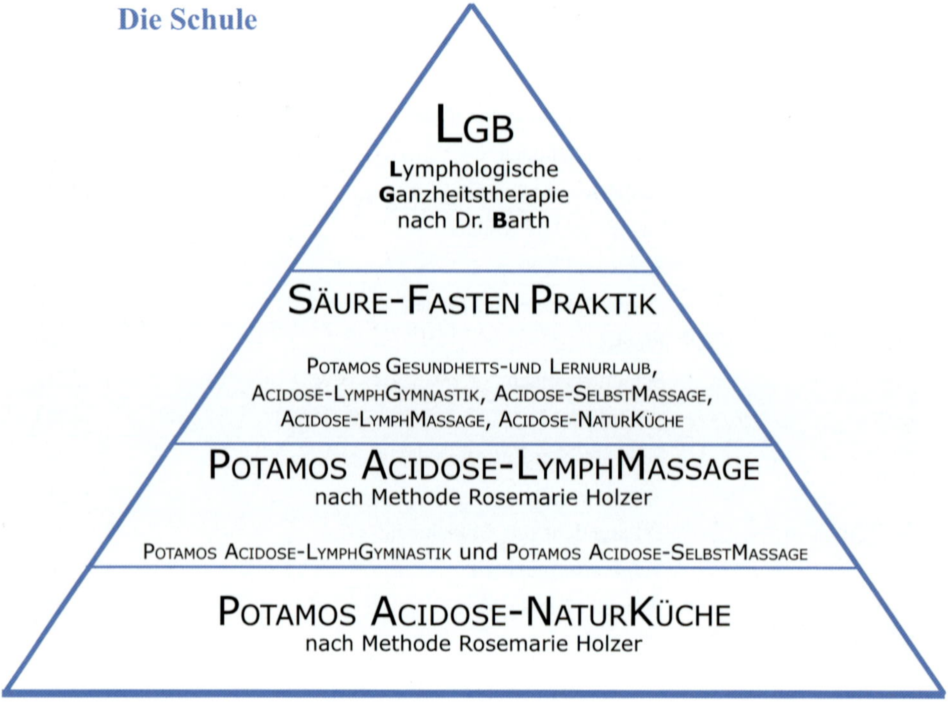

Die naturheilärztliche Praxis

mit Schwerpunkt Lymphologische Ganzheitstherapie nach Dr. Barth

Die wissenschaftliche Arbeitsgemeinschaft

für Lymphologische Ganzheitstherapie nach Dr. Barth

Rosemarie Holzer

Seit beinahe drei Jahrzehnten stehen individuelle Ernährung und Körperwahrnehmung im Mittelpunkt ihres Wirkens. Nach ihrer Tätigkeit als Krankenschwester, Erzieherin, Begründerin von Acidose-Selbsthilfegruppen und ihrer Acidose-Ausbildung bei Dr. Renate Collier in den 80-er Jahren gründete sie 1992 die Acidose-Region Baden mit Sitz in Königsfeld im Schwarzwald und bildete die ersten SÄURE-FASTEN® PRAKTIKER aus. Es ist ihr Bestreben, ihr Wissen und ihre Erfahrung mit den Schülern und Seminarteilnehmern zu teilen, damit diese das Erlernte im Alltag umsetzen und weitervermitteln können.

Seit Oktober 2004 Leitung des POTAMOS AUSBILDUNGSCENTRUMS in Britzingen im Markgräflerland mit den Ausbildungszielen ACIDOSE-NATURKÜCHE PRAKTIKER, ACIDOSE-LYMPHMASSAGE PRAKTIKER, SÄURE-FASTEN® PRAKTIKER und LGB THERAPEUT.

Dr. med. A.H. Barth

Jahrzehntelange Allgemeinpraxis, 3 Jahre Afrika-Aufenthalt, Gründung und Leitung der Akademie Homöopathischer Ärzte und der Homöopathischen Kurklinik Bad Imnau, F.X. Mayr-Arzt seit 1988, diverse Naturheilverfahren.
Entwicklung der Lymphologischen Ganzheitstherapie LGB.
Seit 2004 Privatpraxis im POTAMOS ACIDOSECENTRUM in Britzingen mit zusätzlichen Behandlungsmöglichkeiten und Präventivangeboten. Ärztlicher Ausbildungsleiter im POTAMOS AUSBILDUNGSCENTRUM.

Doris Hartwig

Heilpraktikerin, LGB THERAPEUTIN und wissenschaftliche Mitarbeiterin von POTAMOS
Bartholomaestr. 15, 95349 Thurnau, Tel. 09228 995262,
E-Mail: naturheilpraxis@alcearosea.de, www.alcearosea.de

Aus dem POTAMOS® VERLAG

Dr. med. A.H. Barth:
Lymphologische Ganzheitstherapie
in Frage und Antwort.
ISBN: 978-3-9811851-2-6

Dr. Barth beantwortet – für Laien verständlich – Fragen rund um das Thema Lymphe. Erklärt werden Lymphfluss und Lymphkreislauf in Form eines persönlichen Interviews.

Vorträge aus dem Lehrbuch
von Dr. med. A.H. Barth

Zu Themen wie Milch, Glutenunverträglichkeit, Osteoporose, Krebsentstehung oder Zivilisationskrankheiten.

Bestellung direkt beim Verlag.

Rosemarie Holzer: Die Acidose-Selbstmassage.

ISBN: 978-3-9811851-0-2

Vollständiges Übungsprogramm mit Abbildungen für die sofortige Umsetzung in die Lebenspraxis. Darüber hinaus werden Grundzüge und Bedeutung des Säure-Basen-Haushaltes und eines intakten Lymphsystems für unsere Gesundheit erläutert.

DVD: Acidose-SelbstMassage.

ISBN: 978-3-9811851-5-7

DVD: Acidose-LymphGymnastik.

ISBN: 978-3-9811851-4-0

Sich selbst in Fluss bringen. Wohlbefinden und Lebensfreude.

Die Potamos® Ausbildung

Ausbildungsziele:

Acidose-NaturKüche Praktiker
Prävension, Heilberufe, Wellness, Gastronomie

Acidose-LymphMassage Praktiker
Prävension, Heilberufe, Wellness

Säure-Fasten® Praktiker
Prävension, Heilberufe, Wellness
Grundausbildung für Heilpraktiker und Ärzte
zur Lgb

Lgb – Therapeut der Lymphologischen Ganzheitstherapie nach Dr. Barth®
Heilpraktiker und Ärzte

Die Ausbildungen werden von qualifizierten Potamos Lehrern durchgeführt und schließen mit einer ärztlich zertifizierten Prüfung ab.

Detaillierte Informationen über Ausbildungsinhalte und -termine sowie die Kontaktadressen der Potamos Absolventen finden Sie unter www.potamos.de.

Kontakte

Die aktuellen Kontaktadressen von

LGB THERAPEUTEN,
SÄURE-FASTEN® PRAKTIKERN,
ACIDOSE-LYMPHMASSAGE PRAKTIKERN
und ACIDOSE- NATURKÜCHE PRAKTIKERN

finden Sie unter **www.potamos.de** und **www.acidose.de**.

Potamos® Leitbild

1. Im Mittelpunkt unseres Denkens und Handelns steht die Vorstellung vom Menschen, der von Grund auf heil werden will. Daher bemühen wir uns in Forschung, Diagnose und Therapie darum, Krankheit zu verstehen und zu wenden.

2. Auf dem Weg zur Diagnose und Heilung erweist sich die Lymphe als dasjenige Medium zwischen Mensch und Umwelt, in der sich Krankheit und Gesundheit abbilden. So wie die Verfestigung der Lymphe auf systemische und lokale Störungen des Leibes hindeutet, so weist die Verflüssigung der Lymphe auf seine Gesundung hin.

3. Indem der Mensch zwischen dem Flüchtigen (Pneuma*) und dem Festen (Versteinerung) steht, erweist sich die flüssige Lymphe – dem Meerwasser ähnlich – als Medium und Bild des Lebens. Unsere Aufmerksamkeit gilt daher in besonderem Maße dem Wasser in und um uns.

4. Wir erheben keinen Alleinstellungsanspruch auf Heilung. Indem wir die Lymphe als Austragungsort erwünschter und unerwünschter leiblicher Prozesse erkennen, verstehen wir uns vielmehr als Vermittler zwischen den verschiedenen Heilwegen. Diese finden wir in einer am Ganzen des menschlichen Daseins orientierten Schulmedizin ebenso wie in der auf ganzheitliche medizinische Begleitung gerichteten „Komplementärmedizin".

5. Analog zu diesem Verständnis von der möglichen Gleichrichtung der Heilwege streben wir die interdisziplinäre Kommunikation und Aktion mit allen in Heilberufen und verwandten Feldern tätigen Menschen an.

6. Wir sehen uns so in einer Tradition, für die Namen wie Hippokrates, Paracelsus, Hahnemann, Collier u.a. stehen, welche nicht glaubten, den Menschen auf seine Funktionen reduzieren zu können, sondern ihn vielmehr als Geschöpf und freien Geist mit freiem Willen zugleich wahrgenommen haben.

7. Wir wissen, dass wir als Teil eines politischen und ökonomischen Gesamtsystems auf Grenzen stoßen und selbst begrenzt sind. Wir wollen jedoch diese Grenzen ohne Anmaßung und den Irrglauben, dass das Leben je zu beherrschen und verfügbar sein könnte, bewusst überschreiten. Für solche Grenzüberschreitungen benötigen wir gleichermaßen Mut und Demut. Diesen Tugenden entspricht die Fähigkeit zur kritischen Intervention und die Kraft der Geduld.

8. In diesem Geiste wollen wir mit allen unseren Partnern zusammenarbeiten. Dies sind niedergelassene Ärzte, Kliniken, Heilpraktiker, andere professionelle Begleiter und Anbieter von Leistungen und alle Menschen auf dem Weg ihrer Heilung.

9. An diesem Leitbild wollen wir unser strategisches und alltägliches Handeln ausrichten. Dabei wollen wir uns in dem Sinne kongruent verhalten, dass wir unsere heilberufliche Arbeit nach innen in demselben Geist leisten, den wir nach außen kommunizieren.

10. Nichts Menschliches ist fertig, alles ist im Fluss. Alle unsere Freunde und Partner, Lehrer und Schüler, Heiler und Patienten stehen in der Offenheit eines Geschehens, die wir durch Achtsamkeit und Gelassenheit erhalten wollen.

POTAMOS®
ACIDOSECENTRUM

POTAMOS® ACIDOSECENTRUM Rosemarie Holzer
Bugginger Straße 19
79379 Britzingen
DEUTSCHLAND
Telefon: D 0049 (0)7631 - 93 70 50
Fax: 93 70 92
Email: post@potamos.de oder post@acidose.de
www.potamos.de oder www.acidose.de